novum premium

Sam Lysen

Über die Fragen des Lebens

Eine Reise zu den Tiefen unserer Existenz

novum premium

Bibliografische Information
der Deutschen Nationalbibliothek:

Die Deutsche Nationalbibliothek
verzeichnet diese Publikation in
der Deutschen Nationalbibliografie.
Detaillierte bibliografische Daten
sind im Internet über
http://www.d-nb.de abrufbar.

Gedruckt in der Europäischen Union
auf umweltfreundlichem, chlor- und
säurefrei gebleichtem Papier.

ISBN 978-3-99130-392-3
Lektorat: Lucas Drebenstedt
Umschlagabbildung: Sam Lysen
Umschlaggestaltung, Layout & Satz:
novum Verlag

www.novumverlag.com

Druckprodukt mit finanziellem
Klimabeitrag
ClimatePartner.com/16547-2311-1001

„Je weiter sich eine Gesellschaft von der
Wahrheit entfernt,
desto mehr wird sie jene hassen,
die sie aussprechen."
George Orwell

Inhaltsverzeichnis

Vorwort

„Wer einmal sich selbst gefunden hat, kann nichts auf dieser Welt mehr verlieren."
Stefan Zweig

Für die meisten Menschen ist das gesamte Leben ein Rätsel: angefangen bei der Grundfrage, warum es uns gibt, bis hin zur Frage, wohin unsere Reise führt. Der Glaube und die Religionen versuchen auf ihre eigene Weise, diese Fragen zu beantworten. Doch vielen scheint das nicht mehr auszureichen. Tief in uns spüren wir die Wahrheit und unser Potenzial, aber etwas Unbekanntes scheint uns daran zu hindern, es in unserem realen Leben umzusetzen. Diese Thematik weckte meinen Wunsch, mich intensiv mit den Fragen des Lebens auseinanderzusetzen.

Meine Suche nach Antworten führte mich zu einem Buch, das auf meinen persönlichen Lebenserfahrungen, meinen eigenen Gedanken und den Fragen basiert, die mich im Laufe meines Lebens beschäftigt haben. In meinen Augen spiegeln die Fragen alle Bereiche und Abschnitte des menschlichen Lebens wider. Bereits während meines Architekturstudiums verspürte ich den starken Drang, diese Themen in Form eines Buches zusammenzufassen. Vielleicht hätte dieses Buch Ende der Nullerjahre noch von anderen Ereignissen beeinflusst werden können, aber die persönlichen Erfahrungen, die ich im folgenden Jahrzehnt machte, waren sehr prägend und richtungsweisend für meinen weiteren Lebensweg. Ich musste erst genug erleben und verstehen, bevor ich die Antworten auf meine Lebensfragen in Form eines Buches festhalten konnte.

Die Form des Buches, in Form von Fragen und Antworten, in klarer und verständlicher Sprache, soll ein Wegbegleiter für den Alltag sein. Die kurzen Kapitel mit praxisorientierten Antworten sollen vor allem die Zusammenhänge unseres täglichen Handelns verdeutlichen.

Nach meiner Ansicht gewinnen wir erst dann einen tieferen Einblick in unsere Entscheidungen und Überzeugungen, wenn wir die essenziellen Fragen in einem Kontext gegenüberstellen. Dadurch erhalten wir einen umfassenderen Überblick über die Zusammenhänge im gesamten Leben.

In der heutigen Zivilisation scheinen vielen Menschen ihre Möglichkeiten geraubt zu werden, indem sie unser Potenzial einschränkt. Mein Buch richtet sich an Menschen, die den roten Faden im Leben verloren haben. Ihr Herz scheint noch am rechten Fleck zu sein, aber ihre tägliche Realität wird von Themen bestimmt, die sich unnatürlich und erdrückend anfühlen.

Aber auch Menschen, die ein vermeintlich normales Leben führen, egal, in welcher Lebensphase sie sich befinden, werden in verschiedenen Kapiteln des Buches Aspekte ihres Selbst entdecken. Es lädt sie ein, tiefer in ihre eigenen Gedanken einzutauchen und neue Perspektiven zu gewinnen. Denjenigen, die sich in einer schwierigen Lebensphase befinden, möchte ich sagen, dass es keinen aussichtslosen Zustand und dass es immer einen Ausweg gibt. Allerdings kann ich mit Sicherheit sagen, dass der Ausweg aus einer schwierigen Situation lang und beschwerlich sein kann. Es erfordert Geduld, Selbstreflexion und die Bereitschaft, sich den Herausforderungen zu stellen. Doch auf dieser langen Reise werdet ihr zwei wertvolle Entdeckungen machen: euch selbst und die Wahrheit. Nachdem ihr diese schwere Lebensphase überstanden habt, werdet ihr ab diesem Moment die Schmiede eures eigenen Glücks sein. Ihr werdet euer Potenzial erwecken und einen wertvollen Beitrag zu einer friedlichen und lebenswerten Welt leisten.

In einer Zeit, in der viele Menschen nach Orientierung suchen, hoffe ich, dass mein Buch dazu beitragen kann, Klarheit und Inspiration zu bringen. Es soll ein Leitfaden sein, der den Lesern hilft, sich mit den großen Fragen des Lebens auseinanderzusetzen und gleichzeitig praktische Lösungen und Einsichten für ihren Alltag bietet. Denn letztendlich liegt es an uns allen, unser Leben mit Bedeutung zu füllen und unser Potenzial zu entfalten. Wenn wir uns auf diese Reise begeben und unsere innere Wahrheit erkennen, können wir zu Gestaltern unserer eigenen Realität werden und eine positive Veränderung in der Welt bewirken.

Die wichtigsten Gesetze des Universums im Überblick!

„Die Gesetze des Universums sind wie ein unsichtbares Netz, das die Realität formt und lenkt. Wir mögen sie nicht sehen können, aber ihre Wirkung ist überall spürbar. Es ist unsere Aufgabe, sie zu verstehen und in Einklang mit ihnen zu leben, um ein erfülltes und harmonisches Leben zu führen."
Albert Einstein

1. DAS GESETZ DER ANZIEHUNG: GLEICHES ZIEHT GLEICHES AN!

2. DAS GESETZ DES AUSGLEICHS: UNGERECHTIGKEITEN WERDEN AUSGEGLICHEN!

3. DAS GESETZ DES TRIUMPHS: ALLES, WAS WIR BESIEGEN, TÖTEN ODER ESSEN, WIRD EIN TEIL VON UNS!

Die Gesetze des Universums umfassen eine Vielzahl von Prinzipien und Kräften, die unser Leben und unsere Realität formen. Unter ihnen sind drei Schlüsselgesetze von besonderer Bedeutung: das Gesetz der Anziehung, das Gesetz des Ausgleichs und das Gesetz des Triumphs. Diese Gesetze beeinflussen unsere Gedanken, unsere Handlungen und letztendlich unsere Erfahrungen. In diesem Text werden wir einen Blick auf diese wichtigen Gesetze werfen und ihre Bedeutung für unser Leben verstehen. Diese drei Gesetze sind ein wichtiger Bestandteil dieses Buches, indem verschiedene Fragen aus der Perspektive dieser Gesetze beleuchtet werden.

Die Gesetze des Universums, seien es das Gesetz der Anziehung, das Gesetz des Ausgleichs oder das Gesetz des Triumphs, spiegeln in gewisser Weise das Prinzip des Höhlengleichnisses von Platon wider. Ähnlich wie das Feuer im Höhlengleichnis die

Quelle des Lebens mit seinen universellen Gesetzen darstellt und diejenigen, die in der Höhle gefangen sind, ihre Realität durch Schatten wahrnehmen, so scheinen die universellen Gesetze und Regeln das Fundament unseres Daseins zu bilden.

Der Mensch steht in dieser Analogie auf einer höheren Ebene, eine Art erwachtes Wesen, das die Möglichkeit hat, über die Schatten der Welt hinauszublicken. Wir sind fähig, uns bewusst zu werden, dass es mehr gibt als nur die oberflächliche Realität, die wir wahrnehmen. Unsere Handlungen und Entscheidungen spiegeln sich als Schatten auf dieser Welt wider und formen sie.

Ähnlich wie das Feuer im Höhlengleichnis die Wahrheit und das Wissen repräsentiert, sind die Gesetze des Universums eine Art Leitfaden, der uns ermöglicht, die tiefere Natur unserer Existenz zu verstehen. Wenn wir diese Gesetze erkennen und anwenden, können wir möglicherweise aus der begrenzten Sichtweise heraustreten und ein tieferes Verständnis für uns selbst und unsere Beziehung zum Universum erlangen.

Das Gesetz der Anziehung besagt, dass Gleiches Gleiches anzieht. Unsere Gedanken, Gefühle und Überzeugungen senden energetische Schwingungen aus, die mit ähnlichen Energien in Resonanz gehen und sie in unser Leben ziehen. Wenn wir positive Gedanken und Emotionen, wie Liebe, Freude und Fülle, kultivieren, ziehen wir positive Erfahrungen und Menschen an. Auf der anderen Seite ziehen negative Gedanken und Emotionen, wie Angst, Sorge und Mangelhaftigkeit, entsprechende Erfahrungen an. Das Gesetz der Anziehung erinnert uns daran, dass wir die Schöpfer unserer Realität sind und dass wir durch bewusste Lenkung unserer Gedanken und Gefühle das Leben erschaffen können, das wir uns wünschen.

Das Gesetz des Ausgleichs ist ein fundamentales Prinzip im Universum. Es besagt, dass bei Ungerechtigkeiten und Disharmonien ein Ausgleich der Kräfte stattfindet. Das Universum strebt nach Gleichgewicht und Harmonie. Wenn wir anderen Leid zufügen oder unrecht handeln, wird dies auf irgendeine Weise zu uns zurückkehren. Das Gesetz des Ausgleichs erinnert uns daran, dass unsere Handlungen Konsequenzen haben und dass wir für unser Verhalten verantwortlich sind. Es fordert uns auf, ethisch und gerecht zu handeln, um positive Energien in unser Leben zu ziehen und ein harmonisches Gleichgewicht zu erreichen.

Das Gesetz des Triumphs bezieht sich auf die Transformation von Energie und den Kreislauf des Lebens. Alles, was wir besiegen, töten oder essen, wird ein Teil von uns, als ein Akt der Ungerechtigkeit. Dieses Gesetz verdeutlicht die Verbindung aller Dinge im Universum und die gegenseitige Abhängigkeit. Was wir jedoch in den Kreislauf des Lebens geben, kehrt letztendlich zu uns zurück, in Form von gleichwertiger Energie, indem das Gesetz des Ausgleichs seine Wirkung entfaltet. Wenn wir Liebe und Mitgefühl aussenden, werden wir Liebe und Mitgefühl erfahren. Wenn wir jedoch Negativität und Gewalt aussenden, werden wir auch diese Energien zurückbekommen. Das Gesetz des Triumphs erinnert uns daran, dass wir durch bewusstes Handeln und bewusste Entscheidungen einen Einfluss auf den Energiekreislauf haben.

Wir erkennen, dass diese drei Gesetze des Universums untrennbar miteinander verbunden sind. Das Gesetz der Anziehung lenkt unsere Aufmerksamkeit auf das, was wir in unser Leben ziehen möchten. Das Gesetz des Ausgleichs sorgt dafür, dass Gerechtigkeit und Harmonie hergestellt werden. Das Gesetz des Triumphs erinnert uns daran, dass alles, was wir aussenden, letztendlich zu uns zurückkehrt. Indem wir diese Gesetze verstehen und in unser Leben integrieren, können wir bewusste Schöpfer unserer Realität sein. Wir haben die Macht, positive Energien anzuziehen, Gerechtigkeit zu fördern und mit Mitgefühl zu handeln. Indem wir diese Gesetze respektieren und achten, können wir ein erfülltes und harmonisches Leben führen.

01 Wer bist du?

„Man kann einem Menschen nichts beibringen, man kann ihm nur helfen, es in sich selber zu entdecken."
Galileo Galilei

Die Frage der menschlichen Identität ist seit Jahrhunderten ein Thema der Philosophie. Es geht darum, wer wir sind und was es ausmacht, Mensch zu sein. Traditionelle Vorstellungen, die oft durch gesellschaftliche Normen, kulturelle Werte und religiöse Überzeugungen geformt wurden, gaben uns eine Vorstellung davon, wie wir sein sollten, und prägten so unsere Identität. Die Debatte darüber, ob es eine tiefgründige Identität gibt, die über die des Menschseins hinausgeht, ist ein wichtiger Teil dieser Diskussion und heute noch relevanter als je zuvor. In Bezug auf unsere Identität als menschliches Wesen können wir sagen, dass wir uns durch eine Vielzahl von Merkmalen definieren, wie unseren Körper, unseren Verstand, unsere Emotionen und unsere Beziehungen zu anderen. In traditionellen Gesellschaften wurde unsere Identität oft durch unsere Rolle innerhalb der Gemeinschaft definiert, aber die moderne Vorstellung betont die Individualität jedes Menschen und erkennt an, dass jedes Individuum ein einzigartiges inneres Wesen hat, das über solche äußeren Merkmale hinausgeht.

Einige argumentieren, dass unsere tiefste Identität in unserer menschlichen Natur liegt, die uns von anderen Arten unterscheidet. Diese menschliche Natur umfasst unsere Fähigkeit zur Vernunft, Kreativität und Empathie, aber auch unsere Fähigkeit zum Bösen und zur Zerstörung. Unsere menschliche Natur ist also ein wesentliches Merkmal unserer Identität, das uns von anderen Lebewesen unterscheidet.

Andere glauben, dass es darüber hinaus eine tiefere Identität gibt, die uns mit dem Universum und der Natur verbindet. Wir sind Teil des großen Ganzen, und unsere Identität geht über die des menschlichen Wesens hinaus. Diese Sichtweise geht davon aus, dass wir eine tiefere Verbindung zu unserem natürlichen Umfeld und sogar zum Kosmos selbst haben, die unsere Identität beeinflusst.

Eine weitere Möglichkeit, unsere tiefgründige Identität zu sehen, ist durch unsere spirituelle Natur. Viele religiöse Traditionen glauben, dass wir Teil eines göttlichen Plans sind, und dass unsere Identität tiefer reicht als unsere menschliche Natur. Durch unsere spirituelle Natur sind wir verbunden mit einer höheren Macht oder Energie, die uns und unsere Welt lenkt und beeinflusst.

Es gibt auch einen wissenschaftlichen Ansatz zur Frage der tiefgründigen Identität. Die moderne Physik und Kosmologie zeigen uns, dass wir Teil eines unendlichen Universums sind, das aus Energie und Materie besteht. Wir sind Teil eines größeren Ganzen, und unsere Identität kann als Teil dieses Universums und seiner geheimnisvollen Kräfte betrachtet werden.

Wenn wir all diese verschiedenen Perspektiven betrachten, können wir sehen, dass es eine große Vielfalt von Sichtweisen gibt, was unsere tiefgründige Identität angeht. Einige glauben, dass unsere Identität auf unserem menschlichen Wesen beruht, während andere glauben, dass wir Teil eines größeren Ganzen sind, das uns mit der Welt um uns herum verbindet. Doch die moderne Sichtweise erkennt zunehmend an, dass unsere Identität sowohl durch diese äußeren Faktoren als auch durch unser einzigartiges inneres Wesen geformt wird.

Unabhängig von unserer individuellen Sichtweise auf unsere Identität können wir jedoch eine gemeinsame Wertvorstellung teilen. Wir sind alle Teile der gleichen Menschheit und teilen viele grundlegende Eigenschaften und Erfahrungen. Wir alle haben das Potenzial, Liebe, Mitgefühl und Großmütigkeit zu zeigen, und wir alle haben das Potenzial, Schmerz, Trauer und Verlust zu erfahren.

In diesem Sinne können wir sagen, dass unsere tiefste Identität darin besteht, dass wir als menschliche Wesen zusammengehören und darüber hinaus eine Verbindung zu unserer natürlichen und spirituellen Umgebung haben. Unsere Identität ist tief in unserem menschlichen Wesen und unserer Verbindung zu anderen und zum Universum verwurzelt.

Ein weiterer wichtiger Aspekt über unser Wesen ist die Bedeutung unseres Namens, die das Potenzial hat, bestimmte Charaktereigenschaften in uns zu prägen. Im Licht des Gesetzes der Anziehung, welches besagt, dass Gleiches Gleiches anzieht, könnte unser Name im Laufe von Jahrzehnten eine kontinuierliche Quelle von Einflüssen darstellen, die uns formt und gestaltet. So könnte beispielsweise der Name „Friedrich", was „Friedensherrscher" bedeutet, eine Person dazu inspirieren, friedliebende und harmonische Eigenschaften zu entwickeln und Konflikte auf eine friedliche und gerechte Weise zu lösen.

Die Geburt eines Wesens, sei es Mensch, Pflanze oder Tier, ist an die dafür notwendigen Bedingungen geknüpft. Was hier besonders hervorsticht, ist die Idee, dass wir in irgendeiner Form bereits existieren, bevor wir geboren werden. Dies könnte auf eine metaphysische Vorstellung von vorheriger Existenz hindeuten, vielleicht in Anlehnung an Überzeugungen in Reinkarnation oder einer ewigen Seele. Um dieses „Dasein" in die physische Welt zu bringen, müssen geeignete Bedingungen geschaffen werden. Dies könnte physische Bedingungen, wie eine gesunde Mutter und eine sichere Umgebung, aber auch spirituelle und emotionale Bedingungen beinhalten.

Es ist wichtig zu betonen, dass unsere Identität auch veränderlich und dynamisch sein kann. Wir können uns im Laufe unseres Lebens entwickeln und verändern, und unsere Identität kann sich mit uns verändern. Es gibt keine feste Definition oder Essenz unserer Identität, die für alle Zeiten gleich bleibt. Stattdessen ist unsere Identität ein sich ständig verändernder und sich entwickelnder Prozess, der sowohl durch unsere innere Reise der Selbstentdeckung als auch durch unsere Interaktion mit der Welt um uns herum geformt wird.

02 Wie findest du den Weg zu dir selbst?

„Wer zu sich selbst finden will, darf andere nicht nach dem Weg fragen."
Paul Watzlawick

Der Weg zu uns selbst kann auf vielfältige Weise beschritten werden, und es gibt weitere wichtige Aspekte, die berücksichtigt werden sollten. In diesem Zusammenhang ist es bemerkenswert, dass die Möglichkeit besteht, ein Stück der kindlichen Unbeschwertheit, die wir oft als eine Art Paradies wahrnehmen, in unser Erwachsenendasein zu übertragen.

Ein weiterer Schlüsselaspekt bei der Suche nach dem Weg zu uns selbst ist die Selbsterkenntnis. Es erfordert Mut und Ehrlichkeit, sich mit unseren eigenen Stärken und Schwächen auseinanderzusetzen. Indem wir uns bewusst werden, wer wir wirklich sind, können wir uns selbst akzeptieren und unsere individuellen Talente und Fähigkeiten erkennen. Dies ermöglicht es uns, authentisch zu sein und unser volles Potenzial auszuschöpfen. Wie Kinder, die intuitiv ihre Stärken und Schwächen kennen und sich in ihrer Einzigartigkeit ausdrücken, können wir diese kindliche Authentizität bewahren und fördern.

Eine weitere wichtige Komponente ist die Selbstliebe. Indem wir uns selbst lieben und mitfühlend mit uns umgehen, legen wir den Grundstein für eine gesunde Beziehung zu uns selbst. Dies beinhaltet die Wertschätzung unserer eigenen Bedürfnisse, die Sorge um unser Wohlbefinden und die Vergebung für unsere Fehler und Unvollkommenheiten. Selbstliebe ermöglicht es uns, uns selbst anzunehmen und zu respektieren, was uns dabei hilft, eine tiefere Verbindung zu unserem wahren Selbst aufzubauen, ähnlich der bedingungslosen Liebe, die ein Kind zu sich selbst empfindet.

Es ist auch wichtig, dass wir uns von äußeren Erwartungen und gesellschaftlichen Konventionen lösen. Oftmals werden wir von Normen und Vorstellungen anderer Menschen beeinflusst und verlieren dadurch den Kontakt zu unserem eigenen inneren Kompass. Es erfordert Mut und Entschlossenheit, uns von diesen äußeren Einflüssen zu befreien und unseren eigenen Weg zu finden, der im Einklang mit unseren wahren Werten und Zielen steht. Indem wir gesellschaftliche Normen hinterfragen und reduzieren, können wir uns die Freiheit des kindlichen Geistes erhalten, der unbelastet von solchen Erwartungen seinen eigenen Weg sucht.

Ferner ist es hilfreich, sich mit anderen Menschen zu verbinden, die auf ähnlichen spirituellen Wegen sind. Durch den Austausch von Erfahrungen, das Teilen von Erkenntnissen und das Lernen von anderen können wir uns gegenseitig unterstützen und inspirieren. Gemeinschaften, spirituelle Gruppen oder Mentoren können wertvolle Ressourcen sein, um unseren Weg zu uns selbst zu stärken und zu vertiefen.

Neben den genannten Aspekten ist auch die Hingabe an die persönliche Entwicklung von großer Bedeutung. Dies beinhaltet die Bereitschaft, sich kontinuierlich weiterzuentwickeln, zu lernen und zu wachsen. Es erfordert Disziplin und Ausdauer, um bewusst an unseren Blockaden zu arbeiten, uns weiterzuentwickeln und uns von alten Verhaltensweisen und Mustern zu lösen, die uns daran hindern, unser volles Potenzial zu entfalten. Indem wir uns das kindliche Streben nach ständigem Wachstum und Lernen zu eigen machen, können wir diese Blockaden effektiver überwinden.

Schließlich sollte angemerkt werden, dass der Weg zu uns selbst ein individueller Prozess ist. Jeder Mensch hat eine einzigartige Reise, die auf seine persönlichen Bedürfnisse und Ziele abgestimmt ist. Es ist wichtig, geduldig und nachsichtig mit sich selbst zu sein und sich nicht mit anderen zu vergleichen. Jeder Schritt, den wir auf unserem Weg zu uns selbst machen, ist wertvoll und bringt uns einem erfüllten und authentischen Leben näher. Wie Kinder, die mit jedem neuen Tag und jeder neuen Erfahrung lernen und wachsen, können auch wir diesen kindlichen Sinn für Neugier und Wunder in unserem persönlichen Wachstumsprozess kultivieren.

Bei der Suche nach dem Weg zu uns selbst geht es darum, eine Verbindung zu unserer inneren Essenz herzustellen, auf unsere Intuition zu hören, unsere Blockaden zu erkennen und zu lösen, uns selbst zu lieben und anzunehmen, uns von äußeren Erwartungen zu befreien und uns kontinuierlich weiterzuentwickeln. Durch diese Reise können wir eine tiefere Verbindung zu unserem wahren Selbst aufbauen, unser Leben bewusst und achtsam leben und eine innere Erfüllung und Zufriedenheit finden. Und indem wir das kindliche Paradies in unser Erwachsenenleben integrieren, können wir eine authentischere und erfüllendere Existenz leben.

03 Was ist die Bedeutung von Familie?

„Ohne Familie zittert der Mensch,
allein auf der Welt, vor Kälte."
Andre Maurois

Die Familie ist eine der grundlegenden Einheiten der Gesellschaft. Es ist die erste Gruppe, mit der wir in Kontakt kommen, und es ist die Gruppe, die den größten Einfluss auf uns hat, wenn wir aufwachsen. Sie bereitet uns auf dieses Leben vor, legt den Grundstein für eine Reise zur Selbstfindung und hilft uns, die Welt zu verstehen. Die Bedeutung der Familie kann nicht unterschätzt werden, sie ist der Grundstein unserer Gesellschaft und in Zeiten des Erfolgs und des Scheiterns ein Zufluchtsort.

Familie kann auf viele verschiedene Arten definiert werden. Im Allgemeinen bezeichnet Familie eine Gruppe von Menschen, die miteinander verwandt sind. Dies kann eine Familie sein, die aus einer Mutter, einem Vater und Kindern besteht, oder eine Familie, die aus Verwandten besteht, die unabhängig voneinander leben. Es kann auch eine Gruppe von Menschen sein, die nicht miteinander verwandt sind, aber eine enge Bindung haben.

Familie ist wichtig, weil sie uns unterstützt und für das Leben vorbereitet. Sie gibt uns Liebe, Aufmerksamkeit und Sicherheit. Es ist der Ort, an dem wir Schutz finden, wo wir wir selbst sein und unsere Schwächen zeigen können, ohne beurteilt zu werden. In Zeiten des Erfolgs feiert die Familie mit uns, und in Zeiten des Scheiterns bietet sie Trost und Hilfe an. Familie gibt uns auch eine Identität und eine Geschichte, legt den Grundstein für unsere Selbstfindung und hilft uns, die Welt zu verstehen. Wir haben eine Verbindung zu unseren Vorfahren und eine Geschichte, die durch unsere Familie weitergegeben wird.

Familie gibt uns nicht nur emotionale, sondern auch praktische Unterstützung und bereitet uns auf die Herausforderungen des Lebens vor. Eltern helfen ihren Kindern beim Erlernen von Fähigkeiten und teilen ihr Wissen und ihre Erfahrungen mit ihnen. Familienunternehmen arbeiten zusammen, um ein erfolgreiches Geschäft aufzubauen und zu betreiben. Wenn Familienmitglieder krank werden oder in Schwierigkeiten geraten, sind sie da, um zu helfen.

Aber Familie kann auch Konflikte und Herausforderungen mit sich bringen. Jeder in der Familie hat unterschiedliche Persönlichkeiten und Bedürfnisse, was zu Konflikten führen kann. Die Dynamiken innerhalb der Familie können auch schwierig sein, wenn es Schwierigkeiten gibt, wie zum Beispiel Scheidung, Krankheit oder Tod. Trotz dieser Herausforderungen kann die Familie aber eine Stütze sein und bietet oft einen sicheren Hafen inmitten von Turbulenzen.

In unserer modernen Gesellschaft hat sich die Definition von Familie verändert. Es gibt viele verschiedene Arten von Familien, die heute existieren, wie z. B. alleinerziehende Eltern, Patchworkfamilien oder Regenbogenfamilien. Die Definition von Familie hat das traditionelle Modell von Mutter, Vater, Kindern verlassen und hat sich an eine modernere, vielfältigere Gesellschaft angepasst. Eines bleibt jedoch gleich: Die Bedeutung von Familie als Quelle von Liebe, Unterstützung und Sicherheit, als Ort zur Selbstfindung und zum Verständnis der Welt und als Zufluchtsort in einer oft unbeständigen Welt hat sich nicht geändert.

Familie ist ein grundlegender Bestandteil des Lebens und ein wichtiger Faktor für Glück und Lebenszufriedenheit. Untersuchungen haben gezeigt, dass Menschen in Familien, die stark und gesund sind, glücklicher, gesünder und erfolgreicher sind. Eine starke familiäre Bindung kann dazu beitragen, positive psychologische Auswirkungen zu erzielen, wie z. B. ein höheres Selbstwertgefühl, eine erhöhte Resilienz und bessere Bewältigungsstrategien in Krisensituationen.

Familie ist auch wichtig für die emotionalen und sozialen Entwicklungen von Kindern. Kinder lernen durch ihre Eltern und Familienmitglieder die Werte, Traditionen und Normen ihrer Familie und Kultur kennen. Sie lernen auch den Respekt und die Empathie, wie sie Konflikte lösen und wie sie Beziehungen aufbauen und aufrechterhalten können. Kinder, die in Familien aufwachsen, die gesund sind und Liebe, Unterstützung und Aufmerksamkeit bieten, haben in der Regel eine höhere Chance, sich zu selbstständigen und erfolgreichen Erwachsenen zu entwickeln.

Eine weitere bedeutende Rolle der Familie ist die Weitergabe von Kultur und Sprache. Die Familiengeschichte und Traditionen werden gelehrt und durch Generationen weitergegeben. Die Familie ist der Ort, an dem Kinder ihre Sprache erlernen und das Wissen und die Weisheit ihrer Kultur erhalten. Durch die Weitergabe von Kultur und Sprache bleiben die Identität und Geschichte der Familie erhalten und werden bewahrt.

Familien haben auch einen wichtigen Einfluss auf die Gesellschaft als Ganzes. Gesunde Familien tragen dazu bei, starke und gesunde Gemeinschaften aufzubauen. Familien spielen eine wichtige Rolle bei der Erziehung der nächsten Generation von Bürgern, die in der Gesellschaft wertvoll sind. Familien tragen auch zu einer kulturellen und wirtschaftlichen Vielfalt und dazu bei, unsere Gesellschaft zu stärken.

Die Familie ist ein grundlegender Bestandteil des Lebens und ein wichtiger Faktor für Glück und Lebenszufriedenheit. Familie gibt uns Liebe, Aufmerksamkeit und Sicherheit, aber auch Identität und Geschichte. Familien sind wichtig für die emotionale und soziale Entwicklung von Kindern und tragen dazu bei, starke und gesunde Gemeinschaften aufzubauen. Obwohl die Definition von Familie sich im Laufe der Zeit verändert hat, bleibt die Bedeutung von Familie als Quelle von Liebe, Unterstützung, Sicherheit, als Ort der Selbstfindung und des Verständnisses der Welt und als sicherer Hafen in guten und schlechten Zeiten bestehen.

04 Was bedeutet Freundschaft?

„Ein Freund ist ein Mensch, der die Melodie deines Herzens kennt und sie dir vorspielt, wenn du sie vergessen hast."
Albert Einstein

Freundschaft ist eine der wichtigsten Beziehungen, die wir im Leben haben können. Freunde sind Menschen, die wir auswählen können, um unser Leben mit ihnen zu teilen. Sie können uns helfen, schwierige Zeiten zu bewältigen, uns unterstützen, wenn wir Hilfe brauchen, und uns glücklich machen, wenn wir zusammen sind. In diesem Text werde ich die Bedeutung von Freundschaft untersuchen und einige der Vorteile aufzeigen, die wir aus dieser besonderen Beziehung ziehen können.

Eine der wichtigsten Funktionen von Freundschaft ist die Unterstützung, die sie bieten kann. Wenn wir uns mit Freunden umgeben, haben wir Menschen, auf die wir uns verlassen können. Wir können uns an sie wenden, wenn wir Hilfe oder Unterstützung benötigen, sei es in persönlichen Angelegenheiten oder bei beruflichen Herausforderungen. Freundschaft kann uns auch dabei helfen, durch schwere Zeiten zu navigieren, indem sie uns das Gefühl gibt, dass wir nicht alleine sind.

Freundschaft kann auch unser Wohlbefinden steigern. Menschen, die enge Beziehungen zu Freunden haben, neigen dazu, glücklicher, weniger gestresst und gesünder zu sein. Dies liegt daran, dass Freundschaften uns das Gefühl von Zugehörigkeit und Vertrautheit vermitteln und uns dazu ermutigen, unsere Gedanken und Emotionen mit anderen zu teilen. Wenn wir uns mit Freunden unterhalten, können wir offen und ehrlich und wir selbst sein, ohne befürchten zu müssen, beurteilt oder verurteilt zu werden.

Freundschaften können auch dazu beitragen, unser Selbstwertgefühl zu steigern. Wenn wir Freunde haben, die uns schätzen und respektieren, können wir uns besser und selbstbewusster fühlen. Freunde können uns helfen, unsere Stärken zu erkennen, und uns dabei unterstützen, unsere Ziele im Leben zu erreichen. Sie können uns auch dabei helfen, unsere Schwächen zu akzeptieren, und dabei, an ihnen zu arbeiten, anstatt uns dafür zu verurteilen.

Eine weitere wichtige Funktion von Freundschaft ist die Möglichkeit, neue Dinge auszuprobieren und uns weiterzuentwickeln. Freunde können uns dabei helfen, neue Hobbys und Interessen zu entdecken und uns dazu ermutigen, uns selbst herauszufordern und neue Dinge zu lernen. Sie können uns auch dazu ermutigen, ein besseres Verständnis für uns selbst und unsere Umgebung zu entwickeln, indem sie uns mit ihrer eigenen Perspektive und Erfahrung unterstützen.

Freundschaften können auch dazu beitragen, unsere sozialen Fähigkeiten zu verbessern. Indem wir Zeit mit Freunden verbringen, können wir lernen, wie man effektiv kommuniziert, Kompromisse eingeht und Konflikte auflöst. Dies kann uns dabei helfen, uns in anderen sozialen Situationen besser zurechtzufinden und dabei unterstützen, unser Netzwerk von Freunden und Bekannten zu erweitern.

Schließlich kann Freundschaft uns dabei helfen, uns als Teil von etwas Größerem zu fühlen. Wenn wir Freunde haben, die ähnliche Interessen, Werte und Überzeugungen haben wie wir, können wir uns als Teil einer Gemeinschaft fühlen. Dies kann uns dabei helfen, uns verbunden und engagiert zu fühlen und uns das Gefühl geben, dass unsere Anwesenheit und unser Beitrag geschätzt werden.

Auch wenn es zunächst schwierig scheinen mag, ist es durchaus möglich, Freundschaften zwischen Menschen mit unterschiedlichem Hintergrund und unterschiedlichen Erfahrungen zu schließen. In der Tat kann eine solche Freundschaft zwischen Menschen, die einander sonst vielleicht nie begegnet wären, sehr erfüllend und bereichernd sein.

Eine Freundschaft entsteht oft aus der Chemie zwischen zwei Personen. Manchmal sehen wir jemanden an, und es klickt einfach. Wir fühlen uns sofort verbunden und wollen mehr Zeit mit dieser Person verbringen. Freundschaften können sich auf vielen Ebenen entwickeln, ob es nun gemeinsame Interessen, Erfahrungen oder Wertvorstellungen sind.

In der Tat können Freundschaften, die zwischen unterschiedlichen Menschen entstehen, uns helfen, unsere Perspektiven zu erweitern und uns von unseren eigenen Vorurteilen und Stereotypen zu befreien. Wir lernen neue Kulturen und Lebensstile kennen und erfahren, was es heißt, in einer Welt zu leben, die so vielfältig ist. Solche Freundschaften können eine erstaunliche Chance sein, neue Erfahrungen zu machen und neue Perspektiven kennenzulernen.

Es gibt jedoch auch Herausforderungen, die es bei Freundschaften zwischen unterschiedlichen Menschen zu überwinden gibt. Missverständnisse können entstehen, wenn man versucht, die Sprache seines Freundes zu verstehen oder kulturelle Unterschiede zu respektieren. Und da Menschen unterschiedliche Hintergründe haben, können auch unterschiedliche Meinungen, Werte und Überzeugungen aufeinanderprallen. Es gibt jedoch Möglichkeiten, diese Herausforderungen zu meistern.

Die wichtigste Schlüsselkomponente bei der Schließung von Freundschaften zwischen unterschiedlichen Menschen ist Offenheit. Wir müssen bereit sein, zu lernen und uns auf neue Erfahrungen einzulassen. Wir müssen uns erlauben, uns von unserer Normalität loszulösen und uns auf eine andere Art des Denkens und Handelns einzustellen. Wir müssen uns darauf einlassen, die Welt durch die Augen unseres Freundes zu sehen und uns mit ihm auf Augenhöhe zu begeben.

Ehrlichkeit ist ebenfalls sehr wichtig. Ehrlichkeit bedeutet, bereit zu sein, unsere Meinungen und Werte zu teilen und gleichzeitig die des anderen zu respektieren und zu akzeptieren. Es bedeutet auch, zu diskutieren und zu kommunizieren, wenn wir etwas nicht verstehen oder uns verletzt fühlen. Mit Offenheit und Ehrlichkeit können Freunde aus verschiedenen Kulturen und Hintergründen eine Linie der Kommunikation aufbauen, die dann zu nachhaltigen Beziehungen führt.

Schließlich ist Respekt der Schlüssel zum Erfolg. Es bedeutet, die Unterschiede auszuarbeiten und zu schätzen und gleichzeitig die Gemeinsamkeiten zu feiern. Wir sollten uns darum bemühen, die verschiedenen Kulturen oder Überzeugungen unseres Freundes zu verstehen und ihm gegenüber offen und akzeptierend zu sein.

Freundschaften zwischen unterschiedlichen Menschen können eine echte Bereicherung sein. Solche Freundschaften verbinden nicht nur Menschen, sondern auch Kulturen und Perspektiven. Eine solche Freundschaft kann uns dabei helfen, unser Wissen über andere Menschen und andere Kulturen und unseren Horizont zu erweitern. Mit Offenheit, Ehrlichkeit und Respekt können Freundschaften zwischen Menschen aus verschiedenen Kulturen und Hintergründen dauerhaft und für alle Beteiligten bereichernd sein.

05 Welche Bedeutung hat die Gesellschaft?

„Die Stärke einer Gesellschaft liegt nicht darin,
wie sie mit den Privilegiertesten umgeht,
sondern wie sie sich um die Bedürfnisse der
Schwächsten kümmert."
Mahatma Gandhi

Die Bedeutung der Gesellschaft erstreckt sich über verschiedene Kulturen und Zivilisationen und umfasst eine Vielzahl von Aspekten, die das menschliche Zusammenleben prägen. Die Gesellschaft ist eine organisierte Gemeinschaft, in der Individuen und Familien Sicherheit und Respekt genießen können. Sie bietet uns ein Zuhause, in dem wir uns entfalten und unsere Ziele verfolgen können. Durch gemeinsame Werte, die durch Kultur und Religionen vermittelt werden, ermöglicht es uns die Gesellschaft, eine Identität zu entwickeln und eine Perspektive auf das Leben im Allgemeinen zu gewinnen. Sie schafft Vertrauen und Hoffnung für eine bessere Zukunft.

Eine wichtige Funktion der Gesellschaft besteht darin, die Ressourcen zu konzentrieren, um eine lebenswerte Welt zu erschaffen. In idealen Gesellschaften wird jedem Individuum entsprechend seinen Fähigkeiten Platz eingeräumt. Hierbei geht es um die gerechte Verteilung von Chancen, Bildung, Gesundheitsversorgung und anderen Ressourcen, die zur Entwicklung und zum Wohlbefinden der Mitglieder beitragen. Eine gut funktionierende Gesellschaft fördert soziale Gerechtigkeit und schafft die Voraussetzungen für ein erfülltes Leben.

Jedoch gibt es auch Regionen in der Welt, in denen Gesellschaften mit erheblichen Schwierigkeiten konfrontiert sind und scheitern. Diese Schwierigkeiten können verschiedene Ursachen haben, wie zum Beispiel politische Instabilität, wirtschaftliche Ungleichheit, ethnische Spannungen, Korruption oder fehlende Infrastruktur. In solchen Gesellschaften können grundlegende Bedürfnisse wie Sicherheit, Bildung und Gesundheitsversorgung nicht angemessen erfüllt werden. Dies führt zu sozialen Unruhen, Konflikten und einer allgemeinen Verschlechterung der Lebensqualität. Der Mangel an Gerechtigkeit und Chancengleichheit führt zu Ungleichheiten und lässt viele Menschen in Armut und Elend zurück.

Auch in den heutigen Gesellschaften sind wir mit einer Vielzahl von Problemen konfrontiert. Diskriminierung und Benachteiligung sind nach wie vor weitverbreitet. Menschen werden aufgrund ihrer Hautfarbe, ethnischen Zugehörigkeit, Geschlechtsidentität, sexuellen Orientierung oder sozialen Klasse benachteiligt und ausgeschlossen. Dies führt zu sozialen Spannungen und Konflikten, die das soziale Gefüge einer Gesellschaft schwächen können.

Eine ideale Gesellschaft, die von Nächstenliebe geprägt ist, stellt die Bedürfnisse und das Wohl der Menschen in den Mittelpunkt. Nächstenliebe wird nicht nur als individuelle Tugend betrachtet, sondern auch als grundlegendes Prinzip, das die gesamte Struktur der Gesellschaft durchdringt. In einer solchen Gesellschaft werden Mitgefühl, Fürsorge und Respekt für alle Mitglieder zur Grundlage des sozialen Miteinanders.

In einer idealen Gesellschaft wird Nächstenliebe zu einem Wert, der das Verhalten und die Entscheidungen jedes Einzelnen beeinflusst. Menschen helfen sich gegenseitig und zeigen Empathie für die Bedürfnisse anderer. Es gibt eine Kultur des Teilens, in der Ressourcen und Chancen gerecht verteilt werden, um sicherzustellen, dass niemand in Not oder Ungerechtigkeit zurückgelassen wird.

In einer solchen Gesellschaft werden soziale Sicherheitsnetze geschaffen, die den Schwachen und Benachteiligten Unterstützung bieten. Es gibt eine starke Verpflichtung, jedem Mitglied der Gesellschaft die Möglichkeit zu geben, sein volles Potenzial zu entfalten und ein erfülltes Leben zu führen. Bildung, Gesundheitsversorgung und soziale Dienste stehen allen zur Verfügung, unabhängig von ihrem sozialen Status oder ihrer Herkunft.

Darüber hinaus wird in einer idealen Gesellschaft Nächstenliebe nicht nur auf die unmittelbare Gemeinschaft beschränkt, sondern erstreckt sich auf die gesamte Menschheit. Es gibt ein Bewusstsein für globale Probleme und eine aktive Beteiligung an humanitären Bemühungen. Die Gesellschaft engagiert sich für Gerechtigkeit und Frieden auf globaler Ebene und arbeitet daran, die Lebensbedingungen für alle Menschen zu verbessern.

In einer idealen Gesellschaft wird Nächstenliebe zu einem verbindenden Element, das Vielfalt und Unterschiede akzeptiert und schätzt. Menschen verschiedener Kulturen, Ethnien und Religionen leben in Harmonie zusammen und respektieren die Rechte und Würde aller. Konflikte werden durch Dialog und Verständnis gelöst, und es wird gemeinsam an Lösungen gearbeitet, die das Wohl aller im Blick haben.

Eine ideale Gesellschaft als Modell anzustreben, hat eine immense Bedeutung für das Wohlergehen und die Entwicklung der Menschheit. Eine Gesellschaft ist mehr als nur eine Ansammlung von Individuen – sie ist ein komplexes Netzwerk von sozialen Beziehungen, Normen, Werten und Institutionen, die das Zusammenleben und die Interaktionen der Menschen regelt.

Indem wir uns ein ideales Gesellschaftsmodell vorstellen, setzen wir einen Maßstab für das, was wir als erstrebenswert erachten. Es ermöglicht uns, unsere Vision von einer besseren Zukunft zu definieren und gemeinsame Ziele zu verfolgen. Ein solches Modell sollte auf Gerechtigkeit, Freiheit, Solidarität, Nachhaltigkeit und Respekt vor den individuellen Rechten und Bedürfnissen aller Mitglieder der Gesellschaft basieren.

Eine Gesellschaft ist mehr als die Summe ihrer Teile. Sie ist das Geflecht aus Ideen, Überzeugungen und Werten, das Menschen verbindet und leitet. Eine erfolgreiche Gesellschaft ist nicht bloß eine Ansammlung von Regeln und Gesetzen, sondern ein lebendiges Konstrukt, das eine gemeinsame Richtung einschlägt. Statt sich mit oberflächlichen Lösungen für Probleme zu begnügen, definiert sie sich durch eine Vision, die alle Mitglieder einschließt.

Diese Vision ist der Kitt, der die Gesellschaft zusammenhält und sie vorantreibt. Sie geht über bloße Symptombekämpfung hinaus und formt Regeln sowie Werte auf einer tieferen Ebene. In einer solchen Gesellschaft sind Regeln nicht bloß starre Vorschriften, sondern Ausdruck der geteilten Überzeugungen und Ziele aller. Die Werte sind nicht nur Worte auf Papier, sondern gelebte Prinzipien, die das Handeln und Denken jedes Einzelnen beeinflussen.

06 Was bedeutet es, ein Kind zu sein?

„Die Kindheit ist der schönste Augenblick des Lebens. Alles, was man später als schön empfindet, hat sich in der Kindheit eingeprägt."
Fjodor Dostojewski

Die Unschuld der Kindheit ist sicherlich eine der einflussreichsten Perioden im Leben einer Person. Wir kommen in diese Welt und sind Teil einer Familie, ohne die Möglichkeit zu wählen, welche Familie uns aufnimmt. Dies prägt unsere ersten Erfahrungen und hat einen starken Einfluss auf unsere Entwicklung. Obwohl Kindheit ein Bild von Freude und Sorglosigkeit zeichnen kann, werden wir mit der Zeit aus diesem Zustand der Unschuld gerissen und mit Verantwortung, gesellschaftlichen Erwartungen und kulturellen Praktiken konfrontiert. In diesem Text wird die Frage erörtert: Was bedeutet es, das Kindliche in uns zu bewahren, so wie Jesus es vorschlug?

Unsere Geburtsfamilie hat einen wesentlichen Einfluss auf unsere Kindheit und formt uns auf verschiedene Weisen. Unsere Eltern, Geschwister und weitere Verwandte sind die ersten Menschen, die wir kennenlernen. Sie sollen uns ein Gefühl von Sicherheit, Liebe und Unterstützung bieten. In einer idealen Welt bietet die Familie einen sicheren Hafen, in dem wir unsere Identität formen und unser Potenzial erkennen können. Doch als Kinder haben wir keinen Einfluss auf die Familienverhältnisse, in die wir hineingeboren werden. Manchmal kommen Kinder unter schwierigen Bedingungen zur Welt, die ihr Wohlbefinden und ihre Entwicklung beeinflussen können. Dies kann ihre Persönlichkeit und ihr Potenzial prägen, da belastende Umstände das Vertrauensverhältnis und die Entwicklung positiver Beziehungen beeinträchtigen können.

Trotz der möglichen Schwierigkeiten und Hindernisse ist die Kindheit für viele eine Zeit der Freude und Sorglosigkeit. In dieser Lebensphase sind wir größtenteils frei von den Sorgen und Pflichten des Erwachsenwerdens. Wir leben im gegenwärtigen Moment, ohne ein starkes Bewusstsein für die Zeit. Unsere Gedanken konzentrieren sich auf Entdeckung, Lernen und Spiel. Die Welt scheint voller Möglichkeiten und Abenteuer zu sein, und wir sind von unaufhörlicher Neugier getrieben. Wir haben die Freiheit, unsere unvoreingenommene Vorstellungskraft auszuleben und unsere Umwelt spielerisch zu erkunden. Dieser Zustand der kindlichen Freude ist ein wertvolles Gut, das bewahrt werden sollte.

Mit zunehmendem Alter werden wir jedoch aus diesem Zustand der kindlichen Freude gerissen. Die Gesellschaft und Kultur, in die wir hineingeboren werden, ermutigen uns, Verantwortung zu übernehmen und bestimmte Lebensstile anzunehmen. Diese sind jedoch nicht immer zu unserem Besten. Traditionen, die das kulturelle Erbe bewahren sollen, können einschränkend wirken und uns daran hindern, unser volles Potenzial auszuschöpfen. Religion, gesellschaftliche Normen und Erwartungen können unsere Freiheit begrenzen und unser individuelles Wachstum beeinflussen.

Trotz dieser Herausforderungen ist die Kindheit eine Zeit, in der wir uns selbst entdecken und unsere Vorlieben und Fähigkeiten erforschen können. In dieser Phase des Lebens sind wir empfänglich für neue Erfahrungen und können unsere individuellen Fähigkeiten und Leidenschaften entdecken. Wir haben die Freiheit, unsere kreativen und intellektuellen Fähigkeiten zu entfalten und unsere Interessen zu verfolgen. In der Kindheit können wir experimentieren, scheitern, lernen und wachsen, ohne die Angst vor Beurteilung oder Versagen. Es ist die Zeit, in der wir unsere ersten Freundschaften aufbauen, die auf Vertrauen und Sorglosigkeit basieren. Diese frühen Bindungen prägen uns und hinterlassen tiefe Spuren in unseren Erinnerungen.

Die Zeit als Kind kann als ein irdisches Paradies betrachtet werden, aus dem wir mit dem Älterwerden vertrieben werden.

Die Unschuld und Freude, die wir als Kinder erleben, können im Erwachsenenalter von der Komplexität und den Verpflichtungen des Erwachsenwerdens überschattet werden. Wir beginnen, das Konzept der Zeit zu verstehen, und werden mit Terminen, Fristen und Pflichten konfrontiert. Dennoch hinterlässt die Kindheit einen nachhaltigen Eindruck auf uns. Die Erinnerungen, Erfahrungen und wie wir als Kinder behandelt wurden, formen unser Selbstbild und unsere Beziehungen zu anderen.

Die Kindheit ist eine Zeit der Unschuld, der Freude und der Sorglosigkeit. Es ist eine Zeit, in der wir uns als Menschen entwickeln und unsere individuelle Identität formen. Aber die Bedingungen, unter denen wir aufwachsen, sind nicht immer ideal, und die Herausforderungen der Gesellschaft können unser kindliches Wesen beeinflussen. Trotzdem ist es entscheidend, dass wir als Gesellschaft und als Individuen unsere Verantwortung gegenüber den Kindern anerkennen und ihnen eine sichere und liebevolle Umgebung bieten, in der sie ihre Kindheit in vollen Zügen genießen und ihr Potenzial entfalten können. Denn die Kindheit prägt uns auf vielfältige Weise und legt das Fundament für unser zukünftiges Leben als Erwachsene. In Anlehnung an die Worte von Jesus Christus sollten wir stets das Kindliche in unseren Herzen bewahren, um die Welt weiterhin mit der Neugier, Freude und Unschuld eines Kindes zu betrachten.

Ein Kind zu sein bedeutet, in einem Universum von Unschuld und Reinheit zu existieren. Es ist eine Zeit, in der Emotionen ungefiltert und unbeschwert ausgedrückt werden. Als Kinder leben wir in einer Welt, in der Ehrlichkeit ein natürlicher Ausdruck ist, frei von versteckten Motiven oder Hintergedanken. Wir sind offen, authentisch und spontan in unseren Reaktionen.

In dieser Phase des Lebens sind wir frei von den komplexen Schichten, die sich im Laufe des Erwachsenwerdens auf uns legen. Wir betrachten die Welt mit einem klaren, unvoreingenommenen Blick und sind offen für alles Neue, ohne uns von Zweifeln oder Vorurteilen bremsen zu lassen.

Allerdings wird dieses Geschenk der Reinheit und Unschuld oft im Prozess des Erwachsenwerdens beeinträchtigt. Mit den Jahren lernen wir, vorsichtiger zu sein, wir entwickeln ein Verständnis für gesellschaftliche Erwartungen und manchmal verlieren wir das unverfälschte Vermögen, uns vollständig und ohne Zurückhaltung auszudrücken. Die Herausforderungen des Erwachsenenlebens können uns dazu bringen, unsere kindliche Offenheit zu verbergen oder zu verlieren.

07 Was bedeutet es, eine Frau zu sein?

„Das Schönste an einer Frau ist nicht ihr Körper, sondern das Licht, das aus ihrer Seele strahlt."
Antoine de Saint-Exupéry

Eine Frau zu sein, ist eine tiefgründige, vielschichtige Erfahrung, die sowohl durch die biologischen als auch geschlechtsspezifischen Eigenschaften, wie auch durch die soziale Rolle, die Frauen in den unterschiedlichsten Kulturen und Gesellschaften spielen, bestimmt wird. Es ist eine Existenz, die von einer unvergleichbaren Mischung aus Stärke und Sanftheit, Intuition und Intellekt, Furchtlosigkeit und Fürsorge gekennzeichnet ist.

Frauen sind mit einer Reihe von besonderen physischen, emotionalen und sozialen Merkmalen gesegnet, die nicht nur ihre Identität formen, sondern ebenso ihren Lebensweg beeinflussen. Diese einzigartigen Aspekte des Frauseins strahlen ein wunderschönes Licht aus, das aus dem innersten Kern ihrer Seele stammt und das ihre unglaubliche Fähigkeit zur Liebe, zur Hingabe und zur Schöpfung widerspiegelt.

Einer der auffallendsten Aspekte der Weiblichkeit ist ihre Fähigkeit zur Geburt und zur Nährung des Lebens. Die weibliche Physiologie ermöglicht es Frauen, Kinder zu tragen, zu gebären und zu stillen, und bietet damit eine unvergleichbare Verbindung zur Schöpfung und zum Leben selbst. Die Schwangerschaft, Geburt und Mutterschaft prägen die weibliche Erfahrung in einer Weise, die nur eine Frau wirklich verstehen kann. Es sind diese Erlebnisse, die eine besondere Bindung zwischen einer Mutter und ihrem Kind schaffen, da Frauen oft die ersten menschlichen Kontakte eines Kindes sind, die den Grundstein für Bindung, Vertrauen und Liebe legen.

Neben diesen physischen Fähigkeiten zeichnen sich Frauen auch durch besondere soziale und emotionale Fähigkeiten aus. Sie sind oft einfühlsam und mitfühlend und verfügen über ein ausgeprägtes Gespür für zwischenmenschliche Beziehungen. Ihre Fähigkeit, starke Bindungen zu anderen zu knüpfen, eine Atmosphäre des Vertrauens und der Unterstützung zu schaffen und andere durch ihre Worte und Taten zu inspirieren, ist wirklich bemerkenswert. Sie schaffen es, in den Herzen der Menschen um sie herum ein Echo zu erzeugen, das von Liebe, Mitgefühl und Verständnis geprägt ist.

Aber das Frausein ist nicht nur Sanftheit und Fürsorge. Frauen besitzen auch eine immense innere Stärke und eine beeindruckende Willenskraft, die sie oft gegen alle Widrigkeiten zur Geltung bringen. Sie können Herausforderungen mit Mut und Entschlossenheit begegnen und zeigen dabei eine erstaunliche Fähigkeit zur Resilienz und Bewältigung. Sie können Führungspersönlichkeiten sein und ihre Stimme erheben, um positive Veränderungen herbeizuführen und für Gleichberechtigung und Fairness einzutreten. Ihre Stärke und ihr Durchsetzungsvermögen dienen oft als Inspiration für andere, ihrem Beispiel zu folgen und ihre eigenen Träume zu verwirklichen.

Trotz der vielen Talente und Fähigkeiten, die Frauen besitzen, werden sie immer noch oft mit vielen Herausforderungen und Hindernissen konfrontiert. Von den Geschlechterrollen, die ihnen oft auferlegt werden, über die Vorurteile, mit denen sie zu kämpfen haben, bis hin zu den Ungleichheiten, die sie in vielen Bereichen des Lebens erleben, kämpfen Frauen ständig dafür, ihren Platz in der Gesellschaft zu behaupten und ihre Rechte zu verteidigen. Dieses Engagement spiegelt sich in den unermüdlichen Anstrengungen wider, die Frauen unternehmen, um Ungleichheiten in der Bildung, im Berufsleben, in der

Politik und im Gesundheitswesen zu bekämpfen und um die Kontrolle über ihren eigenen Körper zu behalten.

Jede Frau ist einzigartig und trägt auf ihre eigene Art und Weise zur Vielfalt und Schönheit der Welt bei. Ihre individuellen Erfahrungen, Talente und Perspektiven bereichern unsere Gesellschaft auf unzählige Weisen und sie verdienen es, respektiert, geachtet und in ihrer Individualität gefördert zu werden. Jede Frau hat das Recht, ihre eigenen Träume und Ziele zu verfolgen, ihr volles Potenzial zu entfalten und das Licht, das aus ihrer Seele strahlt, in die Welt zu tragen.

Die Geschichte der Frauen ist eine Geschichte von Leid und Kampf, aber auch von unglaublicher Stärke und Entschlossenheit. Über die Jahrhunderte hinweg haben Frauen sich immer wieder gegen Ungerechtigkeit aufgelehnt, für ihre Rechte gekämpft und Veränderungen herbeigeführt, die unsere Gesellschaft zum Besseren verändert haben. Sie haben gezeigt, dass sie nicht nur das Leben tragen und nähren können, sondern auch in der Lage sind, die Welt zu formen und zu verbessern. Ihre Beiträge und Errungenschaften verdienen es, anerkannt und gefeiert zu werden.

In der endlosen Fülle des Universums, inmitten all der Sterne und Galaxien, gibt es nichts Schöneres als das Licht, das aus der Seele einer Frau strahlt. Dieses Licht ist ein Zeichen ihrer Weiblichkeit, ihrer Stärke und ihrer Einzigartigkeit. Es ist ein Licht, das die Welt erhellt, die Dunkelheit vertreibt und uns alle inspiriert, das Beste in uns selbst zu finden und auszudrücken.

Die sozialen Kompetenzen von Frauen manifestieren sich nicht nur als Reaktion auf ihre Benachteiligung in verschiedenen Gesellschaften, sondern auch als Ausgleich für das Ungleichgewicht, das durch jahrhundertelange Ungerechtigkeiten entstanden ist. Das Gesetz des Ausgleichs, das universelle Prinzip des Karma, wirkt auch in Bezug auf die Unterdrückung von Frauen.

Durch die Erfahrungen von Ungleichheit und Benachteiligung haben Frauen tiefsinnige und ausgeprägte Fähigkeiten entwickelt. Diese Fähigkeiten erstrecken sich weit über das Offensichtliche hinaus und umfassen neben der sozialen Kompetenz auch eine tiefe Empathie, Widerstandsfähigkeit und eine bemerkenswerte Fähigkeit, zwischenmenschliche Beziehungen zu pflegen und zu stärken. Das Karma, das sich durch diese Ungerechtigkeiten bildet, hat Frauen dazu gebracht, ihre Fähigkeit zu lieben, zu teilen und Mitgefühl zu zeigen, weiter zu entwickeln.

In Ländern, in denen Frauen stark benachteiligt werden, treten ihre sozialen Kompetenzen besonders deutlich zutage. Trotz der Hindernisse und der Unterdrückung haben viele Frauen ein bemerkenswertes Maß an Fürsorge, Einfühlungsvermögen und sozialer Intelligenz bewahrt oder entwickelt. Ihre Fähigkeit, soziale Bindungen zu knüpfen, Gemeinschaften zu stärken und für andere zu sorgen, ist eine Reaktion auf die Unterdrückung, die sie erfahren haben.

Frauen haben das Recht, ihre Weiblichkeit zu feiern und ihre einzigartigen Fähigkeiten und Talente zur Geltung zu bringen. Sie verdienen Respekt und Anerkennung in allen Aspekten ihres Lebens. Gleichberechtigung ist nicht nur ein Ideal, sondern eine Notwendigkeit für eine gerechte und gesunde Gesellschaft. Die Anerkennung der Einzigartigkeit und des Beitrags der Frauen, die Wertschätzung ihrer Stärken und das Feiern ihrer Erfolge sind der Schlüssel zu einer harmonischen, fortschrittlichen und liebevollen Gesellschaft. Das Gesetz des Ausgleichs erinnert uns daran, dass diese Anerkennung und Wertschätzung letztendlich zu einer gerechteren Welt führen wird, in der Frauen ihre volle Entfaltungsmöglichkeit haben und ihre Beiträge geschätzt werden.

08 Was bedeutet es, ein Mann zu sein?

„Ein wahrer Mann zeichnet sich nicht durch die Stärke seiner Muskeln aus, sondern durch die Stärke seines Charakters, seiner Integrität und seiner Fähigkeit, Verantwortung zu übernehmen.“
Ralph Waldo Emerson

Ein Mann zu sein ist eine komplexe und facettenreiche Erfahrung, die von individuellen Eigenschaften, Rollenerwartungen und gesellschaftlichen Klischees geprägt ist. Männer übernehmen oft Verantwortung für sich selbst und andere, sei es in ihrem beruflichen Leben oder als Familienangehörige. Sie können sowohl fürsorglich als auch dominant sein und haben unterschiedliche Interessen und Fähigkeiten, abhängig von ihrer Bildung und Persönlichkeit.

In vielen Kulturen und Gesellschaften existieren Rollenklischees und Erwartungen, wie ein Mann sein sollte. Dies kann zu bestimmten Vorstellungen von Männlichkeit führen, die oft mit Stärke, Durchsetzungsvermögen und Unabhängigkeit verbunden sind. In diesem Kontext kann es vorkommen, dass Männer in ihrer Ausdrucksweise von Mut und Stärke manchmal über das Ziel hinausschießen. Das Streben, als stark und unabhängig wahrgenommen zu werden, kann zu übermäßigem Risikoverhalten und zu unbedachten Entscheidungen führen. Aber gerade dieses Wagnis, das oft mit dem Bild des mutigen Mannes verbunden ist, kann auch zu bedeutenden Fortschritten und Entdeckungen führen, denn Männer sind oft bereit, die Grenzen des Bekannten zu erweitern und mit den Grenzen des Möglichen zu experimentieren.

Männer werden oft dazu ermutigt, Verantwortung zu übernehmen und die Hauptversorger für ihre Familien zu sein. Diese traditionellen Rollenbilder können jedoch zu starren Vorstellungen von Männlichkeit führen und den individuellen Ausdruck und die Vielfalt des Mannseins einschränken. Es ist wichtig, Männlichkeit in all ihren Formen zu erkennen und zu feiern und zu verstehen, dass Mut nicht immer bedeutet, risikofreudig oder dominant zu sein, sondern auch darin besteht, sich seinen Ängsten und Unsicherheiten zu stellen und für andere einzusetzen.

Männer haben die Fähigkeit, sowohl fürsorglich als auch dominant zu sein. Sie können liebevolle Väter, Partner und Freunde sein und sich um das Wohlbefinden ihrer Familie und anderer Menschen kümmern. Gleichzeitig können Männer auch die Fähigkeit besitzen, dominante Führungsqualitäten zu zeigen und sich in verschiedenen Lebensbereichen durchzusetzen. Die Balance zwischen Fürsorge und Dominanz kann dazu beitragen, ein Gleichgewicht in zwischenmenschlichen Beziehungen zu finden und das Wohlergehen aller Beteiligten zu fördern.

Wie bei Frauen haben Männer unterschiedliche Interessen und Fähigkeiten, die von individuellen Eigenschaften, Bildung und persönlicher Entwicklung abhängen. Ein Mann kann sich für verschiedene Bereiche wie Kunst, Sport, Wissenschaft, Musik oder Politik interessieren. Männer, in ihrem Drang, die Grenzen des Möglichen zu erkunden, haben oft zur Entwicklung und zum Fortschritt in diesen und vielen anderen Bereichen beigetragen. Es ist wichtig anzuerkennen, dass nicht alle Männer den gleichen Interessen nachgehen oder die gleichen Fähigkeiten besitzen. Die Vielfalt der Interessen und Fähigkeiten von Männern ist ein Zeichen für die individuelle Natur des Mannseins und sollte respektiert und geschätzt werden.

Männer sind nicht frei von Fehlern und Herausforderungen. Oftmals können Männer dazu neigen, voreilig oder unbedacht zu handeln, insbesondere wenn ihre logischen Fähigkeiten stärker ausgeprägt sind als ihre emotionalen Fähigkeiten. Diese Tendenz kann zu Fehlern und Missverständnissen führen. Dennoch sollten Fehler nicht als Hindernis betrachtet werden, sondern als Möglichkeit zur persönlichen Entwicklung und zum Lernen. Männer können sich durch Selbstreflexion, Empathie und die Entwicklung ihrer sozialen Kompetenzen weiterentwickeln und ihre Beziehungen und ihr Verständnis der Welt verbessern.

Mit dem Mannsein geht oft die Übernahme von Verantwortung einher, sei es im beruflichen, familiären oder gesellschaftlichen Kontext. Männer haben oft den Drang, ihre Familie und ihr Umfeld zu beschützen und zu unterstützen. Diese Beschützerinstinkte können mit der Fähigkeit einhergehen, sich durchzusetzen und in schwierigen Situationen zu handeln. Es ist jedoch wichtig, dass Männer ihre Macht und Verantwortung reflektiert einsetzen und dabei das Wohl aller Beteiligten im Auge behalten. Macht sollte nicht missbraucht oder einseitig eingesetzt werden, sondern in Einklang mit den Werten von Gleichberechtigung, Respekt und Empathie stehen.

Die Geschichte der Menschheit ist reich an klugen und starken männlichen Charakteren. Von Propheten, Königen und Philosophen bis hin zu Dichtern und Kriegern haben Männer in verschiedenen Bereichen Großes geleistet. Allerdings gibt es auch negative Figuren, die Leid und Unglück über ihr Volk oder andere gebracht haben. Es ist wichtig, dass Männer sich ihrer Verantwortung bewusst sind und sich an positiven Vorbildern orientieren, die zur Verbesserung der Gesellschaft beigetragen haben. Männer, die sich trauen, über das Bekannte hinauszugehen und die Grenzen des Möglichen zu erforschen, haben die Fähigkeit, unsere Welt auf bemerkenswerte Weise zu formen und zu verbessern.

09 Was bedeutet es, ein alter Mensch zu sein?

„Das Alter ist nicht nur eine Zeit des Verfalls,
sondern auch eine Zeit der Reife und Weisheit,
in der wir das Leben mit einem tieferen Verständnis
und einer größeren Wertschätzung
betrachten können."
Søren Kierkegaard

Alt zu werden ist in der Tat ein unausweichlicher Prozess im Lebenszyklus eines Menschen. Mit dem Älterwerden verändert sich die Perspektive auf das Leben, und neue Herausforderungen und Erfahrungen treten in den Vordergrund. Die Bedeutung, ein alter Mensch zu sein, liegt in der Art und Weise, wie man seine Freizeit gestaltet, sich um seine Mitmenschen kümmert, sich auf den Tod vorbereitet und mit Weisheit und Erfahrung auf sein Leben zurückblickt. Doch die Gesellschaft hat auch eine Verantwortung gegenüber ihren älteren Mitgliedern. In diesem Text widmen wir uns nicht nur der Frage: Was bedeutet es, ein alter Mensch zu sein? Wir betrachten auch, wie Gesellschaften sich verbessern können, um ihren älteren Bürgern eine integrierte und würdevolle Lebenserfahrung zu bieten.

Ältere Menschen fokussieren sich oft darauf, ihre Freizeit zu organisieren und ihren Interessen nachzugehen. Nach einem Leben voller Verpflichtungen wie Arbeit und familiären Aufgaben haben sie die Möglichkeit, sich auf sich selbst zu konzentrieren und das zu tun, was ihnen Freude bereitet. Dies kann die Ausübung von Hobbys, die Teilnahme an sozialen Aktivitäten oder die Weiterbildung in neuen Bereichen umfassen. Hier muss die Gesellschaft Möglichkeiten bieten und Anreize setzen, damit ältere Menschen aktiv bleiben können und ihre Freizeit gestalten können. Dies kann durch den Ausbau von Community-Programmen, die Förderung des lebenslangen Lernens und die Sicherstellung des Zugangs zu notwendigen Dienstleistungen geschehen.

Im Alter entwickeln viele Menschen eine tiefere Sensibilität für die Bedürfnisse und das Wohlbefinden ihrer Mitmenschen. Oft übernehmen ältere Menschen eine Rolle der Fürsorge und Unterstützung für ihre Familienmitglieder, Freunde oder sogar für die Gemeinschaft, in der sie leben. Ihre Lebenserfahrung und Weisheit ermöglichen es ihnen, wertvolle Ratschläge zu geben, emotionale Unterstützung anzubieten und ihre Lebenserfahrung mit anderen zu teilen. In diesem Kontext hat die Gesellschaft die Pflicht, älteren Menschen Möglichkeiten zu geben, ihre Fähigkeiten und Erfahrungen zum Wohle der Gemeinschaft einzusetzen. Durch die Einbindung älterer Menschen in das gesellschaftliche Leben können wir ihren Beitrag anerkennen und ihnen helfen, ein Gefühl von Sinn und Erfüllung zu finden.

Mit dem Älterwerden konfrontieren sich Menschen auch mit der Realität des Todes und der Endlichkeit des Lebens. Es ist ein Zeitpunkt, an dem viele über ihre Vergänglichkeit nachdenken und sich auf die letzten Jahre vorbereiten. Hier muss die Gesellschaft Unterstützung anbieten, um diese Übergangsphase so angenehm und respektvoll wie möglich zu gestalten. Dies kann durch gesetzliche und praktische Hilfen, emotionale Unterstützung und das Respektieren der Wünsche und Entscheidungen der älteren Menschen erreicht werden.

Der fortgeschrittene Alterungsprozess bringt oft körperliche Veränderungen und Einschränkungen mit sich. In Anbetracht dieser Realität hat die Gesellschaft die Verantwortung, sich um das Wohlergehen und die Gesundheit ihrer älteren Mitglieder zu kümmern. Dies kann durch den Ausbau von Gesundheits- und Pflegediensten, die Sicherstellung der Barrierefreiheit und die Bereitstellung von Unterstützungsdiensten geschehen, um älteren Menschen zu helfen, so unabhängig wie möglich zu bleiben.

Schließlich schätzen viele Menschen im fortgeschrittenen Alter ihre Weitsicht und ihr Wissen, die sie in ihrer Jugend möglicherweise nicht hatten. Dieser Reichtum an Erfahrung und Weisheit sollte anerkannt und wertgeschätzt werden, und ältere Menschen sollten die Möglichkeit haben, ihre Erfahrungen und Kenntnisse mit jüngeren Generationen zu teilen. Auf diese Weise können wir das Erbe unserer älteren Bürger bewahren und ihre wichtige Rolle in der Gesellschaft würdigen.

Die Gesellschaft soll darauf abzielen, älteren Menschen ein erfülltes und integriertes Leben zu ermöglichen. Indem wir ältere Menschen aktiv in das gesellschaftliche Leben einbeziehen, sie in ihrer Freizeitgestaltung unterstützen, ihre Beiträge anerkennen, ihnen bei der Bewältigung der Herausforderungen des Älterwerdens helfen und ihre Weisheit und Erfahrung wertschätzen, können wir dazu beitragen, dass sie in Würde und Respekt altern. Denn das Alter ist nicht nur eine Phase des Lebens, es ist eine Gelegenheit, das Leben in seiner vollen Tiefe und Komplexität zu schätzen.

10 Was bedeutet „Mensch“ und was bedeutet es, menschlich zu sein?

„Hier bin ich Mensch, hier darf ich's sein.“
Johann Wolfgang von Goethe

Mensch zu sein, bedeutet, Teil einer Spezies zu sein, die eine Vielzahl von Eigenschaften und Merkmalen aufweist, die sie einzigartig machen. Es gibt jedoch eine Vielzahl von Definitionen und Interpretationen darüber, was es wirklich bedeutet, „menschlich" zu sein. Einige Menschen definieren Menschlichkeit durch unsere Fähigkeit, zu denken, zu fühlen, zu kommunizieren und uns zu entwickeln, während andere es als unsere Fähigkeit betrachten, moralische Entscheidungen zu treffen und Empathie zu empfinden. In diesem Text werden wir einige der Eigenschaften erforschen, die das Menschsein ausmachen.

Eines der Schlüsselelemente, die das Menschsein ausmachen, ist die Fähigkeit, Werkzeuge und Technologie zu schaffen. Unsere Fähigkeit, komplexe Werkzeuge zu entwickeln und zu nutzen, ist ein einzigartiges Merkmal unserer Spezies und hat uns dabei geholfen, die Welt um uns herum zu verändern und uns anzupassen. Die Entwicklung von Technologie und Werkzeugen hat uns dabei geholfen, unsere Lebensbedingungen zu verbessern, die Medizin voranzutreiben und sogar den Weltraum zu erforschen.

Eine weitere wichtige Eigenschaft, die das Menschsein ausmacht, ist unsere Fähigkeit zur Kreativität. Wir haben die Fähigkeit, Kunst zu schaffen, Musik zu komponieren, Geschichten zu erzählen und sogar neue Theorien und Konzepte zu entwickeln. Die Fähigkeit, unsere Welt durch kreative Ausdrucksformen zu bereichern und zu erweitern, ist ein wichtiger Teil des Menschseins.

Menschsein bedeutet auch, dass wir eine komplexe emotionale Landschaft haben. Wir können eine Vielzahl von Gefühlen und Empfindungen empfinden, einschließlich Freude, Trauer, Liebe, Hass, Eifersucht und vieles mehr. Unsere Fähigkeit, Emotionen zu empfinden, hat uns geholfen, Verbindungen mit anderen Menschen aufzubauen und uns als eine Spezies zu entwickeln.

Ein weiteres Merkmal, das das Menschsein ausmacht, ist unsere Fähigkeit, zu lernen und Wissen zu erwerben. Wir haben die Fähigkeit, Informationen aufzunehmen, zu verarbeiten und zu speichern, was uns hilft, neue Fähigkeiten zu erwerben und unsere Weltanschauung zu erweitern. Unsere Fähigkeit zur Bildung ist ein wichtiger Teil dessen, was uns zu dem gemacht hat, was wir heute sind.

Menschsein bedeutet auch, dass wir eine moralische Verantwortung haben. Wir haben die Fähigkeit, moralische Entscheidungen zu treffen und Empathie zu empfinden, was uns dabei hilft, unsere Handlungen in Einklang mit unseren Werten und Überzeugungen zu bringen. Unsere Fähigkeit, uns um andere Menschen zu kümmern und für das Wohl der Gemeinschaft zu arbeiten, ist ein wichtiger Teil dessen, was es bedeutet, menschlich zu sein.

Schließlich bedeutet Menschsein, dass wir sterblich sind. Unsere Fähigkeit zu leben und zu sterben ist ein wichtiger Teil dessen, was uns als Spezies definiert. Unsere Sterblichkeit macht uns bewusst, dass wir unsere Zeit auf dieser Erde nutzen sollten, um das Beste aus unserem Leben zu machen.

Menschlich zu sein bedeutet, die Fähigkeit zu besitzen, mitfühlend und verständnisvoll gegenüber anderen zu sein. Diese Eigenschaften sind ein wichtiger Teil unserer Identität als menschliche Wesen.

Im Wesentlichen bedeutet es, unser Bestes zu geben, um anderen zu helfen und unser Verhalten gegenüber anderen auf moralischen und ethischen Prinzipien zu gründen. Ein wichtiges Merkmal der Menschlichkeit ist Mitgefühl, das uns befähigt, das Leid anderer zu erkennen und uns um sie zu kümmern.

Menschlich sein bedeutet aber auch, Fehler zu machen und Verantwortung dafür zu übernehmen. Wir sind alle fehlbar und begehen Fehler, die uns nicht von unserer Menschlichkeit befreien. Menschlichkeit bedeutet, selbst in schwierigen Zeiten weiterzumachen und anderen zu helfen, um sich positiv zu entwickeln.

Ein weiteres Merkmal der Menschlichkeit ist Empathie. Wir können uns in die Situation anderer hineinversetzen und ihre Perspektive betrachten. Wir stellen uns vor, wie wir uns in ihrer Lage fühlen würden, um mit einem besseren Verständnis und Einfühlungsvermögen zu handeln.

Die Menschlichkeit wird auch durch unsere Fähigkeit definiert, anderen zu helfen, auch wenn es uns selbst nicht unbedingt zugutekommt. Wir tragen eine Verantwortung dafür, anderen zu helfen, insbesondere in Momenten, die für sie schwierig oder kritisch sind. Humanitäre Arbeit, ehrenamtlicher Dienst und philanthropische Aktionen sind nur einige Beispiele für die Art und Weise, wie wir als menschliche Wesen handeln können.

Die Menschlichkeit ist auch durch unsere Fähigkeit zur Selbstreflexion und Selbstbewusstsein gekennzeichnet. Wir haben die Möglichkeit, über unsere eigenen Gedanken und Empfindungen nachzudenken, um unser Verhalten, unsere Haltungen und Handlungen zu verbessern. Durch Selbstreflexion können wir unser Potenzial erreichen, uns zu verbessern, um unsere Menschlichkeit auszudrücken.

Jeder von uns kann durch Verhaltensänderungen und Dankbarkeit seine Menschlichkeit stärken. Ein weiterer Weg, Menschlichkeit auszudrücken, ist durch Taten und Handlungen. Wir können andere unterstützen und konstruktiv auf ihre Bedürfnisse eingehen.

Das Menschsein ist mehr als nur eine biologische Klassifizierung. Es ist eine tiefgreifende Verbindung mit der Fähigkeit, Menschlichkeit in all ihren Facetten zu leben. Unsere Existenz als Menschen ist geprägt von einer Geschichte, die uns geformt hat – kulturell, sozial und emotional. Doch menschlich zu sein bedeutet weit mehr als bloßes Sein als Teil der Spezies Homo sapiens.

Es erfordert, Verantwortung für unser Handeln zu übernehmen, die Vergangenheit zu reflektieren und aus ihr zu lernen. Es ermutigt dazu, den Mut aufzubringen, uns selbst kritisch zu hinterfragen und Fehler einzugestehen. Die Menschlichkeit manifestiert sich in unserer Fähigkeit, Moral und Ethik zu erkennen und zu integrieren, während wir unseren Weg in der Welt suchen.

Es ist unsere Verantwortung als Einzelne, in unseren Gemeinschaften und Gesellschaften ein Klima des Vertrauens, der Liebe und des Respekts zu schaffen. Menschlichkeit erfordert Mitgefühl, Toleranz und den Wunsch, anderen zu helfen und für Gerechtigkeit einzustehen. Es geht darum, Brücken zu bauen, anstatt Mauern zu errichten, und gemeinsam eine Welt zu gestalten, die auf Werten wie Empathie und Solidarität basiert.

Die Essenz des Menschseins liegt in der Fähigkeit, bewusste Entscheidungen zu treffen, die nicht nur für uns selbst, sondern auch für andere positive Auswirkungen haben. Es ist die Fähigkeit, aus Fehlern zu lernen und Wege zu finden, um ein besseres, mitfühlenderes Miteinander zu gestalten.

11 Weshalb machst du dir Sorgen um die eigene Zukunft?

„Die Menschen werden von zwei Hauptimpulsen angetrieben, entweder von der Liebe oder von der Angst."
Niccolò Machiavelli

Warum wir Angst vor der Zukunft haben, kann viele Aspekte betreffen und Gründe haben. Angst ist ein treibendes Motiv für viele menschliche Handlungen und Entscheidungen. Insbesondere in Zeiten wie diesen, in denen wir mit Unsicherheit und unvorhersehbaren Umständen konfrontiert sind, ist es nicht ungewöhnlich, dass die Furcht vor der Zukunft unsere Gedanken und Emotionen weitreichend beeinflusst.

Angst ist eine natürliche Reaktion auf Bedrohungen und Stressoren. Es ist ein Überlebensinstinkt, der uns dazu veranlasst, uns aufmerksam und wachsam zu halten, um uns vor potenziellen Gefahren zu schützen. In unserer modernen Welt fühlen sich viele jedoch von einer Flut von Informationen geplagt, die unsere Ängste und Sorgen um die Zukunft verstärken können. Die ständige Berichterstattung über wirtschaftliche Instabilität, Klimawandel, politische Unruhen und globale Pandemien kann zu Ängsten und Sorgen führen.

Diese Ängste können uns lähmen und uns davon abhalten, das Leben in vollen Zügen zu genießen. Sie können uns auch davon abhalten, unsere Träume und Ziele zu verfolgen, da wir uns von ihnen ablenken lassen und uns auf potenzielle Gefahren und Risiken fokussieren.

Die menschliche Angst um die Zukunft kann auf verschiedene Weise entstehen. Zum einen kann die Angst aus der Erfahrung von Schmerz und Verlust in der Vergangenheit resultieren. Traumatische Erlebnisse können tiefe Angst und Sorge hervorrufen, dass sich ähnliche Ereignisse in der Zukunft wiederholen könnten. Zum anderen kann die Angst auch aus einem Mangel an Kontrolle und Sicherheit entstehen. Wir leben in einer Welt, die immer unberechenbarer und unvorhersehbarer wird, was bei vielen eine Angst vor dem Unbekannten hervorruft.

Diese Ängste können jedoch auch zu Inspiration und Wachstum führen, wenn wir uns darauf konzentrieren, wie wir ihnen begegnen und ihnen entgegentreten. Es gibt viele Wege, um mit unserer Angst umzugehen und sie in positive Energie umzuwandeln. Wichtige Aspekte davon sind das Bewusstsein und die Achtsamkeit. Es geht darum, uns selbst zu beobachten und unsere Gedanken und Emotionen zu regulieren, um uns von unseren Ängsten nicht überwältigen zu lassen.

Eine Möglichkeit, um mit unserer Angst um die Zukunft umzugehen, ist die Stärkung der Selbstfürsorge und des Selbstvertrauens. Wir können lernen, uns selbst besser zu pflegen und uns auf unsere inneren Stärken und Ressourcen zu konzentrieren. Dazu gehört auch das Vertrauen in unsere Fähigkeit, Herausforderungen zu bewältigen und uns an Veränderungen anzupassen. Die Wahl, unsere Ängste zu akzeptieren und uns auf unsere Selbstfürsorge zu konzentrieren, wird uns dabei helfen, die Angst loszulassen.

Es geht auch darum, zu lernen, im Moment zu leben und uns auf die Gegenwart zu konzentrieren. Anstatt auf zukünftige Ereignisse, die möglicherweise niemals eintreten werden, sollten wir uns darauf konzentrieren, dass wir das Leben jetzt aktiv leben. Finde das Glück im Moment. Konzentriere dich auf Dinge, die diesen Moment besonders machen. Erinnere dich daran, dass die meiste Angst, die wir erleben, im Kopf stattfindet und dass wir durch Bewusstsein und Achtsamkeit unsere Gedanken kontrollieren und lernen können, unsere Ängste auf gute Weise zu nutzen.

Die Angst vor dem Ungewissen und die Unsicherheit darüber, ob wir den richtigen Weg eingeschlagen haben, treiben oft unser Handeln und Denken im Leben an. Es ist ein natürlicher Reflex, der uns innewohnt, da wir uns danach sehnen, unseren Weg zu finden und ein erfülltes Leben zu führen. Doch diese Suche ist nicht selten von Ängsten begleitet – die Furcht davor, Fehler zu machen oder falsche Entscheidungen zu treffen, die unser Schicksal beeinflussen könnten. Unser Schicksal ist es, zu uns selber zu finden und unser Platz in einer Gesellschaft, ja sogar im Kreislauf des Lebens.

Jede Reise, sei es im metaphorischen Sinne oder buchstäblich im Leben selbst, ist mit Hindernissen und Herausforderungen gespickt. Es gibt Höhen und Tiefen, Wendungen und unvorhergesehene Umstände, die uns auf unserem Weg begegnen. Diese Schwierigkeiten sind Teil des Lebens, und sie dienen oft als Lektionen, die uns formen und uns Wachstum ermöglichen.

Es ist wichtig zu erkennen, dass wir nicht allein auf dieser Welt sind. Unsere Reise, unsere Ängste und unsere Herausforderungen sind Erfahrungen, die viele andere teilen. In der Verbundenheit mit anderen Menschen liegt eine Quelle der Stärke und Unterstützung. Die Gewissheit, dass andere ähnliche Wege gehen und ähnliche Emotionen erleben, kann uns dabei helfen, unsere eigenen Ängste zu überwinden und Mut zu schöpfen.

Weiterhin können wir uns auch auf unsere zwischenmenschlichen Beziehungen konzentrieren, um unsere Ängste zu reduzieren. Sich mit Menschen zu umgeben, die uns unterstützen und inspirieren, kann dazu beitragen, unsere Ängste in gesunder, positiver Art und Weise zu verarbeiten. Wir können auch unsere Gemeinschaft verändern und uns aktiv an positiven gesellschaftlichen Veränderungen beteiligen, um unsere Zukunft zu gestalten.

Abschließend ist die menschliche Angst um ihre Zukunft eine natürliche Reaktion auf unsere unberechenbare Welt. Im spirituellen Sinne können wir unsere Ängste darauf fokussieren, wie wir uns auf das gegenwärtige Moment und unsere zwischenmenschlichen Beziehungen konzentrieren können, um uns in einem positiven, konstruktiven Rahmen zu bewegen. Die Wahl liegt immer bei jedem Einzelnen von uns, darauf zu achten, dass wir von der Liebe geleitet werden. Wenn wir uns auf unsere innere Essenz und Liebe konzentrieren, wird die Angst auf der Nebenstraße bleiben.

Ein weiterer Impuls, von dem wir angetrieben werden können, ist wie schon erwähnt die Liebe. In vielen Aspekten unseres Lebens gibt es eine natürliche Tendenz, uns auf Dinge zu konzentrieren, die uns Freude bereiten und uns erfüllen. Ob es darum geht, Karriere zu machen oder eine Familie zu gründen, unsere größten Erfolge und Erfüllungen beruhen oft auf unseren liebsten Leidenschaften und Interessen.

Ein wichtiger Aspekt des Lebens ist es, einen Plan A im Leben zu haben, den man verfolgt und auf den man hinarbeitet. Dieser Plan A basiert auf der Liebe und Leidenschaft für eine bestimmte Tätigkeit oder Karriere. Wenn wir uns für unsere Leidenschaften und Interessen engagieren, arbeiten wir nicht nur hart, sondern wir haben auch eine klare Vision davon, wo wir in Zukunft hinwollen, ja sogar hingehören.

Es gibt jedoch auch Herausforderungen bei der Planung und Umsetzung unseres Plan A. Oft braucht es viel Disziplin und Einsatzbereitschaft, um den Plan und unsere Ziele zu erreichen. Auch kann es Frust und Enttäuschung geben, wenn unsere Bemühungen nicht sofort Früchte tragen.

In diesen Momenten ist es jedoch wichtig, auf unsere Liebe und Leidenschaft zurückzukommen, um unseren Fokus und unsere Motivation wieder aufzufüllen. Wir können uns an unsere großen Ziele erinnern, an die Dinge, die uns Freude und einen Sinn im Leben geben, und an all das, was wir zu erreichen hoffen. Dies gibt uns die Kraft, uns durch die schwierigen Zeiten zu kämpfen und weiterhin an unsere Träume und Ziele zu glauben.

Wenn wir uns auf unser Herz und unsere Leidenschaft fokussieren, werden wir in der Lage sein, uns auf das zu konzentrieren, was wirklich wichtig ist, anstatt uns von äußeren Faktoren ablenken zu lassen. Wir können uns von Rückschlägen nicht unterkriegen lassen und unsere Leidenschaft und Liebe als Katalysator nutzen, um uns immer weiterzuentwickeln.

Unsere Erfüllungen im Leben wird nicht nur durch unsere Bemühungen, sondern auch durch unsere Liebe, Leidenschaft und Hingabe angetrieben werden. Wenn wir uns auf unsere wahre Passion konzentrieren und den Plan A verfolgen, der uns am meisten freut, werden wir in der Lage sein, unsere Träume und Ziele zu erreichen. Das bedeutet nicht, dass der Weg immer leicht sein wird, aber unsere Liebe und Leidenschaft werden uns helfen, durch die schwierigen Zeiten zu kommen und das Leben zu erfüllen, das wir uns wünschen.

12 Warum fühlst du dich so kraftlos?

„Wenn es einen Glauben gibt, der Berge versetzen kann, so ist es der Glaube an die eigene Kraft."
Marie von Ebner-Eschenbach

„Warum fühlst du dich so kraftlos?" ist eine Frage, die vielen von uns gestellt wird, insbesondere in Zeiten, in denen wir uns niedergeschlagen und unsicher fühlen. Aber woher kommen diese Gefühle der Kraftlosigkeit, und was können wir tun, um sie zu überwinden?

Eines der Konzepte, das uns helfen kann, diese Frage zu beantworten, ist das Gesetz der Anziehung. Das Gesetz der Anziehung besagt, dass unsere Gedanken und Emotionen unsere Realität beeinflussen und dass wir das, was wir uns vorstellen, in unserem Leben manifestieren können. Wenn wir uns also auf negative Gedanken und Emotionen konzentrieren, werden wir negative Erfahrungen und Situationen anziehen. Wenn wir uns im Gegenzug auf positive Gedanken und Emotionen konzentrieren, werden wir positive Erfahrungen und Situationen anziehen.

Wir können diese Frage auch als Warnung sehen, unsere Gedanken zu unseren eigenen Gunsten zu steuern. Indem wir uns auf negative Gedanken und Emotionen konzentrieren, ziehen wir diese negativen Erfahrungen in unser Leben und fühlen uns dementsprechend machtlos und schwach. Dies kann ein Teufelskreis sein, da wir uns in einem Zustand der Negativität begeben, der uns von positiven Veränderungen oder Lösungen abhält.

Deshalb ist es wichtig, sich auf das Positive zu konzentrieren und die Kraft der positiven Gedanken und Emotionen zu nutzen. Wir können dies tun, indem wir uns bewusst darauf fokussieren, was wir wollen, anstatt darauf, was wir nicht wollen. Wir können uns auf Ziele und Wünsche konzentrieren, die uns Freude und Erfüllung bringen, anstatt auf die Probleme und Herausforderungen, die uns blockieren.

Um dieses Konzept tiefer zu verstehen, sollten wir uns mit der Kraft des positiven Denkens auseinandersetzen. Positive Denker glauben, dass sie die Kontrolle über ihre Gedanken und Emotionen haben und dass sie ihr Leben durch eine positive innere Einstellung verbessern können. Die Heilung von Krankheiten, das Erreichen von Zielen, die Überwindung von Hindernissen und die Erfüllung von Träumen sind alles Ziele, die durch positive Gedanken und Emotionen erreicht werden können.

Es ist wichtig, anzumerken, dass es nicht darum geht, negative Gedanken oder Emotionen zu ignorieren oder zu verdrängen. Stattdessen geht es darum, sie zu akzeptieren und dann bewusst auf positive Gedanken und Emotionen zu wechseln. Wir können uns fragen, was wir von einer negativen Situation oder einem negativen Erlebnis gelernt haben und wie wir daraus wachsen können. Wir können uns auf die positiven Dinge konzentrieren, die wir in unserem Leben haben oder haben wollen, und uns von ihnen motivieren lassen.

Ein weiteres wichtiges Element des positiven Denkens ist die Visualisierung. Wenn wir uns ein Ziel vorstellen, als ob es bereits geschehen wäre, aktivieren wir das Gesetz der Anziehung und ziehen das, was wir uns vorstellen, in unser Leben. Indem wir uns vorstellen, wie es sich anfühlt, unser Ziel zu erreichen, und uns auf diese Emotionen konzentrieren, ziehen wir es magnetisch in unsere Realität.

Ein Beispiel dafür, wie das Gesetz der Anziehung und das positive Denken im Leben wirken können, ist das Konzept der Affirmationen. Durch das Wiederholen von positiven Sätzen oder Affirmationen, die das Erreichen unseres Ziels ermutigen, stärken wir unsere innere Einstellung und ermutigen uns, weiterhin in die gewünschte Richtung zu arbeiten. Affirmationen können auch helfen, uns von negativem Selbstgespräch oder Selbstzweifeln zu befreien, indem sie uns daran erinnern, dass wir fähig und erfolgreich sein können.

Zusätzlich zu diesen Konzepten gibt es noch eine weitere philosophische Sichtweise, die uns bei der Beantwortung der Frage helfen kann: das Gesetz des Ausgleichs. Es besagt, dass alle unsere Handlungen, sowohl die positiven als auch die negativen, Folgen haben. Das bedeutet, dass, wenn wir unrecht handeln, indem wir Menschen benachteiligen oder ausnutzen, möglicherweise auf unerwartete Weise unsere positiven Eigenschaften und Fähigkeiten verlieren.

Dieses Gesetz hält eine tiefe Einsicht für unser Verhalten und unsere Beziehungen zu anderen Menschen bereit. Es erinnert uns daran, dass alle Handlungen, sowohl die positiven als auch die negativen, Auswirkungen auf uns selbst haben, die über die unmittelbaren Ergebnisse hinausgehen. Es fordert uns auf, uns unserer Taten und ihrer Konsequenzen bewusst zu sein und uns verantwortungsbewusst gegenüber anderen zu verhalten.

Das Gefühl der Kraftlosigkeit kann oft mit einem tief verwurzelten Gefühl der Kleinheit einhergehen. Dieses Gefühl der Kleinheit entsteht oft, wenn wir gegen unsere eigenen Wertvorstellungen, Moral und Überzeugungen handeln. Wenn unsere Taten im Widerspruch zu unseren inneren Prinzipien stehen, fühlen wir uns entfremdet von unserem eigenen Selbst und verlieren an innerer Stärke.

Dieser Zustand der Kraftlosigkeit kann eine Reaktion darauf sein, dass wir uns von unserem inneren Kompass entfernt haben. Es ist ein Alarm, der uns darauf hinweist, dass wir unsere Handlungen und Entscheidungen überprüfen müssen. Die Diskrepanz zwischen dem, was wir glauben, und dem, was wir tun, schmälert unser inneres Gleichgewicht und beeinträchtigt unsere Energie.

Um dieses Gefühl der Kraftlosigkeit zu überwinden, ist es entscheidend, unsere Fehler anzuerkennen und Schritte zu unternehmen, um sie wiedergutzumachen. Es erfordert eine ehrliche Selbstreflexion und die Bereitschaft, Verantwortung für unsere Handlungen zu übernehmen. Dies kann bedeuten, sich zu entschuldigen, Veränderungen vorzunehmen oder sich bewusst auf den Pfad zurückzubringen, der im Einklang mit unseren Werten und Überzeugungen liegt.

Es ist auch wichtig, zu bedenken, dass das Gesetz des Ausgleichs nicht bedeutet, dass wir uns selbst bestrafen oder uns selbst Schuldgefühle machen sollten. Es dient eher dazu, uns aufzuklären und zu ermutigen, in einer Weise zu handeln, die sowohl für uns selbst als auch für andere gesund und heilsam ist.

Sowohl das Gesetz der Anziehung als auch das Gesetz des Ausgleichs können wertvolle Werkzeuge sein, um unsere Gefühle der Kraftlosigkeit zu verstehen und zu überwinden. Durch die bewusste Lenkung unserer Gedanken und Emotionen und durch verantwortungsbewusstes und gerechtes Handeln können wir ein erfüllteres und kraftvolleres Leben führen.

Wir lassen uns von der Kraft unseres Denkens und unserer Emotionen leiten. Wenn wir uns auf negative Gedanken und Emotionen konzentrieren, werden wir negative Situationen in unser Leben ziehen und uns schwach und machtlos fühlen. Das positive Denken und die positive Einstellung hingegen werden helfen, dass wir uns auf unsere Ziele und Wünsche konzentrieren und unser Leben in eine positive Richtung lenken. Das Gesetz der Anziehung und das Gesetz des Ausgleichs können uns helfen, uns auf die richtigen Dinge zu konzentrieren und uns zu erlauben, unser Potential zu entfalten und unser Leben zu erfüllen.

13 Warum habe ich negative Gedanken?

„Positive Gedanken ziehen positive Gedanken an;
negatives Denken verstrickt unweigerlich in die
Negation des eigenen Daseins."
Prentice Mulford

Das ist eine Frage, die uns allen bekannt vorkommen kann. Wir alle erleben von Zeit zu Zeit negative Gedanken und Emotionen, die uns belasten und uns das Leben schwer machen. Aber woher kommen diese negativen Gedanken, und was können wir tun, um sie zu überwinden?

Ein buddhistischer Blickwinkel auf diese Frage könnte uns helfen, eine Antwort zu finden. Nach der buddhistischen Lehre sind wir alle miteinander verbunden und beeinflussen uns gegenseitig. Das bedeutet, dass die Themen, mit denen wir uns auseinandersetzen, uns in Kontakt mit Menschen bringen können, die sich mit ähnlichen Themen befassen. Die Art und Weise, wie wir denken und fühlen, hat also Auswirkungen auf unsere Umgebung und die Menschen um uns herum.

Wenn wir uns auf negative Gedanken konzentrieren, senden wir negative Energien aus, die in unserer Umgebung wahrgenommen werden können. Dies kann uns und andere beeinflussen, um uns herum eine gewisse Schwere oder Unbehagen zu erzeugen. Diese Energien können auch andere dazu ermutigen, negative Gedanken und Emotionen auszusenden, wodurch ein Kreislauf entsteht.

In Bezug auf den sozialen Kreis, besonders im geistigen Sinne, erweitert sich dieser buddhistische Blickwinkel noch mehr. Die Menschen, mit denen wir uns umgeben, besonders diejenigen, die ähnliche Interessen und Anliegen haben, können in gewisser Weise unsere metaphysische „Familie" oder Gemeinschaft bilden. Diese Verbindungen gehen über die physische Welt hinaus und erstrecken sich auf einer tieferen, geistigen Ebene.

Dieses Konzept kann dazu führen, dass wir erkennen, dass wir auf einer solchen metaphysischen Ebene miteinander kommunizieren und interagieren, auch wenn wir uns dessen nicht immer bewusst sind. Unsere Gedanken, Gefühle und Energie – sowohl positiv als auch negativ – können sich auf diese Ebene auswirken und die Erfahrungen und Energie der anderen in unserem Kreis beeinflussen.

Wenn wir beispielsweise unsaubere oder nicht reine Gedanken haben, können diese eine gewisse Form von „geistigem Lärm" erzeugen, der von anderen in unserem sozialen Kreis wahrgenommen werden kann. Dies kann zu Reaktionen führen, die wir dann als negative Gedanken oder Gefühle erleben. Das bedeutet, dass das, was wir geistig aussenden, in einer Form zurück zu uns kommen kann, die uns vielleicht nicht gefällt, aber im Wesentlichen ein Spiegelbild unserer eigenen geistigen Zustände ist.

Aber wie nutzen wir dieses Verständnis, um unsere Gedanken und Emotionen zu verbessern und zu überwinden? Erstens, indem wir uns unserer Gedanken und Gefühle bewusster werden und darauf achten, welche Arten von Energie wir aussenden. Wenn wir merken, dass wir negative Gedanken oder Emotionen haben, können wir einen Moment innehalten und bewusst versuchen, diese durch positive zu ersetzen.

Zweitens, indem wir bewusst versuchen, unseren sozialen Kreis mit Menschen zu füllen, die positive Energie und Gedanken ausstrahlen. Menschen, die sich mit Themen wie Mitgefühl, Freundlichkeit und Verständnis auseinandersetzen, können eine stärkende und erhebende Wirkung auf uns haben. Sie können uns dazu inspirieren, ebenfalls positiver und liebevoller zu sein.

Schließlich kann es hilfreich sein, regelmäßig Zeit für Reflexion und Meditation einzuplanen, um unsere geistige Energie zu reinigen und zu stärken. Durch solche Praktiken können wir lernen, negative Gedanken und Emotionen loszulassen und unsere geistige Energie auf eine gesunde, positive Art und Weise zu nähren.

Um diesen Kreislauf zu durchbrechen, ist es wichtig, bewusst das Positive zu suchen und auf positive Gedanken und Emotionen zu achten. Das bedeutet, dass wir uns darauf konzentrieren sollten, was wir wollen, anstatt darauf, was wir nicht wollen. Wir sollten uns auf Ziele und Wünsche konzentrieren, die uns Freude und Erfüllung bringen, anstatt auf Probleme und Herausforderungen, die uns blockieren.

Indem wir uns auf positive Gedanken und Emotionen konzentrieren, können wir positive Energien aussenden, die uns und unsere Umgebung beeinflussen. Wir können andere dazu ermutigen, ebenfalls positive Gedanken und Emotionen auszusenden, wodurch eine positive Energie in unserer Umgebung entsteht und sich auf andere ausbreitet.

Ein wichtiger Aspekt der buddhistischen Lehre ist die Praxis der Achtsamkeit. Achtsamkeit bedeutet, im gegenwärtigen Augenblick präsent zu sein und sich bewusst auf das zu konzentrieren, was um uns herum geschieht. Indem wir uns auf den gegenwärtigen Moment konzentrieren und auf positive Gedanken und Emotionen, können wir unsere negativen Gedanken und Emotionen reduzieren und uns auf die positiven Dinge in unserem Leben fokussieren.

Es ist auch wichtig, anzumerken, dass buddhistische Praktiken wie Meditation und Yoga uns helfen können, unseren negativen Gedanken und Emotionen zu überwinden. Diese Praktiken können uns helfen, uns zu entspannen und unseren Geist von negativen Gedanken und Emotionen zu befreien. Dadurch wird es leichter, uns auf unseren Körper, Geist sowie positive Dinge und Erfahrungen zu konzentrieren.

14 Warum gibt es Krankheiten?

„Die Pflege unserer Gedanken und Gefühle ist der Samen, aus dem eine Welt wächst, in der wir nicht nur existieren, sondern aktiv die Gestaltung unseres Lebensumfelds in die Hand nehmen."
Sam Lysen

Allgemein ist bekannt, dass Krankheiten durch verschiedene Faktoren entstehen können. Ein wichtiger Aspekt sind unsere Lebensgewohnheiten. Eine ausgewogene Ernährung und regelmäßige Bewegung spielen eine bedeutende Rolle für unser Wohlbefinden und unsere Gesundheit. Eine Ernährung, die reich an Nährstoffen ist und körperliche Aktivität fördert, stärkt das Immunsystem und unterstützt den Körper dabei, Krankheiten vorzubeugen.

Der Konsum von Genussmitteln wie Alkohol und Zigaretten kann erheblich zur Beeinträchtigung der Gesundheit beitragen. Diese Substanzen können das Risiko für verschiedene

Krankheiten wie Herzkrankheiten, Krebs und Atemwegsprobleme erhöhen. Reduzierter oder besser noch Verzicht auf solche schädlichen Substanzen kann die Gesundheit deutlich verbessern. Genetische Vorbelastungen können auch eine Rolle spielen, indem sie bestimmte Anfälligkeiten für Krankheiten vererben. Andererseits ist es ebenso wichtig zu erkennen, dass Krankheiten auch durch unterdrückte Emotionen und gesellschaftliche Bagatellisierung entstehen können.

Unterdrückte Gefühle, sei es durch gesellschaftliche Normen oder persönliche Überzeugungen, haben eine bemerkenswerte Auswirkung auf unser körperliches und geistiges Wohlbefinden. Wenn Emotionen wie Trauer, Wut, oder Angst nicht angemessen ausgedrückt oder gelebt werden können, manifestieren sie sich oft auf subtile Weise in unserem Körper. Dies kann zu Stress führen, der wiederum das Immunsystem beeinflusst und die Anfälligkeit für Krankheiten erhöht.

Die soziale Verharmlosung von psychischer Belastung und das Stigma, das oft mit dem Ausdruck von Schwäche oder Verletzlichkeit verbunden ist, kann auch dazu führen, dass Menschen ihre Gefühle unterdrücken. Dieser Mangel an emotionaler Entlastung kann zu einer Vielzahl von gesundheitlichen Problemen führen, sei es durch erhöhten Stress, Depressionen oder anderen psychosomatischen Beschwerden.

Unser Körper und Geist sind in vielerlei Hinsicht miteinander verbunden. Unausgedrückte Emotionen können sich in Form von körperlichen Beschwerden manifestieren, was die Bedeutung einer ganzheitlichen Betrachtung von Gesundheit unterstreicht. Daher ist es von entscheidender Bedeutung, einen Raum zu schaffen, in dem Emotionen offen und ohne Urteil ausgedrückt werden können, um ein gesundes Gleichgewicht zwischen Körper und Geist aufrechtzuerhalten. Die Anerkennung der komplexen Verbindungen zwischen unseren Emotionen, unserer sozialen Umgebung und unserem physischen Wohlbefinden ist der Schlüssel, um Krankheiten ganzheitlich zu verstehen und anzugehen.

Krankheiten sind das Resultat komplexer Interaktionen, die nicht nur auf biologischen Faktoren beruhen, sondern auch auf unseren eigenen Entscheidungen und Handlungen. Die Gesetze des Universums, wie das Gesetz der Anziehung, des Ausgleichs und des Triumphs, scheinen in unserem Leben und unserer Gesundheit zu wirken. Unsere Handlungen können eine Kettenreaktion von Ursache und Wirkung auslösen, die unseren täglichen Entscheidungen einen klaren Kurs vorgibt.

Es ist, als ob wir in einem fremd gesteuerten Fahrzeug sitzen, wenn wir uns nicht bewusst über unsere Handlungen sind. Um diesen Zyklus zu durchbrechen, müssen wir bewusst handeln und ethischen sowie moralischen Grundsätzen folgen. Eine besonnene Geisteshaltung und achtsame Entscheidungen können dazu beitragen, die Verbindung zwischen unseren Handlungen und unserer Gesundheit zu verstehen und in eine positive Richtung zu lenken.

Die Aussage, dass alles im Universum aus Energie besteht, ist von großer Bedeutung, und sie kann auf verschiedene Bereiche angewendet werden, sei es auf Religion, spirituelle Lehren oder moderne wissenschaftliche Erkenntnisse. In der modernen Wissenschaft haben wir erkannt, dass die kleinste Einheit der Materie, das Atom, aus subatomaren Teilchen besteht, die wiederum in ständiger Bewegung sind und Energie ausstrahlen. Diese Erkenntnis spiegelt sich auch in der buddhistischen Lehre wider, die besagt, dass der menschliche Geist eine Form von Energie ist und dass unsere Gedanken und Emotionen eine potenzielle Wirkung auf unser physisches Wohlbefinden haben können.

Wenn wir diese Idee auf den menschlichen Geist anwenden, erkennen wir, dass unsere Gedanken und Emotionen einen direkten Einfluss auf uns haben können. Dies ist ein zentraler Grundsatz im Buddhismus, der besagt, dass die karmische Energie eines Individuums von seinen Handlungen, Worten und Gedanken abhängt. Daher ist es von großer Bedeutung, unsere Gedanken bewusst zu lenken und unsere Emotionen zu regulieren.

Unsere Denkweise und emotionaler Zustand haben direkte Auswirkungen auf unsere physische und emotionale Gesundheit. Negative Gedanken und Emotionen können Stress und

Disharmonie in unserem Körper verursachen, da sie den Energiefluss in unserem System stören. In der buddhistischen Meditation wird betont, dass das Bewusstsein für unseren Körper dazu beiträgt, die Energie im Körper auszugleichen und das innere Gleichgewicht zu erhalten. Indem wir uns auf unseren Körper und unsere Empfindungen konzentrieren, lässt sich eine tiefere Verbindung zu unserer inneren Energie herstellen und unsere Gesundheit fördern.

Es ist wichtig anzuerkennen, dass unsere Gedanken und Emotionen nicht isoliert existieren, sondern dass sie auch einen Einfluss auf unsere Umgebung haben können. Mit der steigenden Weltbevölkerung leben die Menschen immer näher zusammen, was bedeutet, dass unsere Gedanken und Gefühle sich gegenseitig beeinflussen können. Die Energie, die wir ausstrahlen, kann sich auf andere Menschen auswirken, sei es positiv oder negativ. Daher ist es von großer Bedeutung, unsere Gedanken und Emotionen bewusst zu lenken und eine positive Energie in unsere Umgebung zu bringen.

Die Erkenntnis, dass unsere Gedanken und Emotionen einen Einfluss auf unser Wohlbefinden haben und sich auch auf andere Menschen auswirken mögen, gibt uns eine größere Verantwortung für unser Denken und Fühlen. Indem wir uns bewusst werden, wie unsere Gedanken und Emotionen uns und unsere Umgebung beeinflussen, lässt sich daran arbeiten, eine positive Energie zu kultivieren und damit nicht nur unser eigenes Wohlbefinden, sondern auch das Wohlbefinden anderer zu fördern.

Es ist daher wichtig, sich regelmäßig Zeit für Selbstreflexion und Achtsamkeit zu nehmen, um unsere Gedanken und Emotionen zu beobachten und gegebenenfalls positive Veränderungen vorzunehmen. Dies kann durch Meditation, Atemübungen oder andere Formen der inneren Einkehr geschehen. Durch diese Praktiken können wir eine tiefere Verbindung zu unserer inneren Essenz und unserem wahren Selbst herstellen und eine positive Energie in die Welt bringen.

Die buddhistische Lehre besagt auch, dass positive Gedanken und Emotionen den Energiefluss in unserem Körper verbessern und dazu beitragen können, unser Immunsystem und unsere Heilung zu stärken. Wenn wir uns glücklich und ausgeglichen fühlen, wirkt sich das positiv auf unser physisches Wohlbefinden aus und verbessert den Zustand unseres Körpers.

Buddhistische Praktiken wie Achtsamkeit, Meditation und Yoga können uns auch helfen, die Energie in unserem Körper zu harmonisieren und den Energiefluss zu verbessern. Während der Meditation lässt sich auf die Atmung und Schmerzen im Körper konzentrieren, während man gleichzeitig die Gedanken loslässt und sich auf den gegenwärtigen Moment fokussiert. Diese Praktiken mögen dazu beitragen, das Bewusstsein für den Körper und die Gedanken zu schärfen und den Energiefluss in unserem Körper zu verbessern.

Es gibt auch eine wissenschaftliche Erklärung für den Zusammenhang zwischen Gedanken, Emotionen und physischem Wohlbefinden. Wenn wir stressige und negative Gedanken haben, schüttet unser Gehirn Stresshormone wie Cortisol aus. Diese Hormone können dazu beitragen, das Immunsystem zu unterdrücken und den Körper anfälliger für Krankheiten zu machen. Wenn wir jedoch positive Gedanken und Emotionen haben, kann dies bewirken, dass unser Gehirn Endorphine ausschüttet, die das Gefühl von Glück und Wohlbefinden sowie unsere körpereigenen Abwehrkräfte stärken.

In Bezug auf die Energiefelder, von denen in der buddhistischen Lehre oft die Rede ist, gibt es auch viele spezifische Techniken, die helfen können, den energetischen Fluss im Körper zu verbessern. Dazu gehören die chinesische Medizin und die Akupunktur, die darauf abzielen, den Fluss der lebenswichtigen Energien (Qi) im Körper auszugleichen.

Die Idee, dass das gesamte Universum aus Energie besteht, ist eine wichtige Lehre in vielen spirituellen und wissenschaftlichen Traditionen. Im Buddhismus ist die Idee, dass unsere Gedanken und Emotionen eine direkte Auswirkung auf unseren Körper haben, ein wichtiger Grundsatz. Mit der Praxis von Achtsamkeit, Meditation und Yoga lässt sich unser Energiefluss verbessern und dem Körper helfen, gesünder zu werden. Die

Anwendung von Techniken wie Akupunktur kann ebenfalls dazu beitragen, den Energiefluss im Körper wiederherzustellen.

Insgesamt zeigt der buddhistische Blickwinkel auf das Zitat „das gesamte Universum besteht aus Energie", dass unser Geist und unser Körper miteinander verbunden sind und sich gegenseitig beeinflussen. Durch die Positivität unserer Gedanken und Emotionen lässt sich die Energie in unserem Körper harmonisieren und unser physisches Wohlbefinden stärken und schützen.

15 Kann man Krankheiten heilen?

„Sei du selbst die Veränderung, die du dir wünscht für diese Welt."
Mahatma Gandhi

Diese Frage beschäftigt sowohl die Schulmedizin als auch die Naturmedizin. Beide Ansätze haben ihre eigenen Aspekte und Methoden, um den Heilungsprozess zu unterstützen und den Körper wieder ins Gleichgewicht zu bringen.

Die Schulmedizin betrachtet Krankheiten oft als komplexe biochemische Prozesse im Körper. Sie basiert auf wissenschaftlichen Erkenntnissen und nutzt Medikamente, chirurgische Eingriffe und andere technologische Interventionen, um Symptome zu behandeln und Krankheiten zu heilen. Die Diagnosestellung erfolgt durch medizinische Tests, Bildgebungsverfahren und die Beobachtung von körperlichen Symptomen. Die Schulmedizin legt großen Wert auf evidenzbasierte Praktiken und hat zahlreiche Fortschritte in der Behandlung von Krankheiten erzielt.

Die Naturmedizin hingegen betrachtet Krankheiten als Ungleichgewicht oder Blockaden im Körper, die durch verschiedene Faktoren wie Ernährung, Umwelt und emotionale Zustände verursacht werden können. Sie betont die Bedeutung eines ganzheitlichen Ansatzes, bei dem der Körper, der Geist und die

Seele als eine Einheit betrachtet werden. Naturmedizinische Ansätze umfassen pflanzliche Heilmittel, Akupunktur, Kräutertherapie, Homöopathie und andere alternative Methoden, um die Selbstheilungskräfte des Körpers zu aktivieren.

In Bezug auf die Informationen über eine Krankheit spielen sowohl in der Schulmedizin als auch in der Naturmedizin die Stimmen des Umfelds eine wichtige Rolle. In der Schulmedizin werden Anamnese und Patientengeschichte berücksichtigt, um Informationen über den Verlauf der Krankheit zu sammeln. Das Umfeld kann dabei helfen, Zusammenhänge und Auslöser zu identifizieren. In der Naturmedizin wird häufig auf die Erfahrungen von Menschen mit ähnlichen Krankheiten oder Symptomen zurückgegriffen, um Erkenntnisse zu gewinnen und mögliche Ursachen und Behandlungsansätze zu identifizieren.

Eine effektive Methode, um den Heilungsprozess zu beschleunigen, ist es, sich die Heilungsebene vorzustellen. Sowohl in der Schul- als auch in der Naturmedizin wird die Kraft der Vorstellungskraft genutzt, um den Körper zu unterstützen. Indem man sich die kranken Organe oder den gesamten Körper in einem Zustand der Gesundheit und Balance vorstellt, kann dies positive Auswirkungen auf den Heilungsprozess haben. Diese Methode wird oft in der Naturmedizin, aber auch in der Schulmedizin in Form von Visualisierungstechniken, Entspannungsübungen und anderen mentalen Techniken eingesetzt.

Die Heilungsebene, von der hier die Rede ist, ist eine metaphorische oder spirituelle Konzeptebene, die sich mit den subtilen Energien und der inneren Vorstellungskraft des Individuums beschäftigt. Es wird angenommen, dass diese Ebene eine starke Auswirkung auf das körperliche und seelische Wohlbefinden haben kann und eine Schlüsselrolle im Heilungsprozess spielt.

Die Idee ist, dass wir durch unseren Geist und unsere Gefühle Zugang zu dieser Heilungsebene haben. Manche Menschen stellen sich dies als eine Art Licht oder heilende Energie vor, die den Körper durchflutet und dazu beiträgt, Ungleichgewichte oder Krankheiten zu heilen. Man kann sich auf diese Ebene einstellen, indem man sich in einen Zustand der Ruhe,

Entspannung und Offenheit begibt, oft durch Techniken wie Meditation, Yoga, Atemübungen oder geführter Visualisierung.

In der Schulmedizin können diese Techniken zur Unterstützung der herkömmlichen medizinischen Behandlungen eingesetzt werden. Beispielsweise kann ein Patient, der eine Chemotherapie durchläuft, Visualisierungstechniken verwenden, um sich vorzustellen, wie die Medikamente die Krebszellen angreifen und zerstören. Dies kann dazu beitragen, die Angst und den Stress, die oft mit einer solchen Behandlung einhergehen, zu reduzieren und dem Patienten ein Gefühl der Kontrolle und des Optimismus zu vermitteln.

In der Naturmedizin wird die Heilungsebene oft noch intensiver genutzt. Viele Praktiker der Naturmedizin glauben, dass emotionale oder energetische Blockaden zu körperlichen Krankheiten führen können und dass das Lösen dieser Blockaden entscheidend für die Heilung ist. Sie verwenden verschiedene Techniken, um auf die Heilungsebene zuzugreifen, darunter Energiearbeit, Reiki, Akupunktur und mehr.

Beispielsweise kann jemand, der Reiki praktiziert, seine Hände über den Körper des Patienten bewegen, um „blockierte" Energie freizusetzen und das energetische Gleichgewicht wiederherzustellen. Es wird angenommen, dass dies den natürlichen Heilungsprozess des Körpers unterstützt und die Genesung fördert.

Es ist wichtig, zu beachten, dass obwohl viele Menschen positive Erfahrungen mit diesen Ansätzen gemacht haben, sie noch immer Gegenstand wissenschaftlicher Untersuchungen sind. Es wird empfohlen, solche Methoden in Absprache mit einem qualifizierten Gesundheitsdienstleister zu verwenden und sie als Ergänzung, nicht als Ersatz, zur herkömmlichen medizinischen Versorgung zu betrachten.

Das Arbeiten mit Energie und starken Gefühlen kann ebenfalls hilfreich sein, um negative Energien aus dem Körper zu lösen. In der Naturmedizin werden Techniken wie Energiearbeit, Reiki und andere energetische Ansätze genutzt, um das energetische Gleichgewicht im Körper wiederherzustellen. Durch gezieltes „Bestrahlen" von kranken Organen oder Geweben mit Licht und Energie kann versucht werden, die negativen Energien aufzulösen und den Heilungsprozess zu fördern.

Abschließend ist eine gesunde Lebensweise mit gesunder Ernährung, körperlicher Bewegung und einem starken sozialen Netzwerk mit dem Umfeld die beste Methode, um fit und gesund zu leben. Sowohl die Schulmedizin als auch die Naturmedizin betonen die Bedeutung eines gesunden Lebensstils zur Prävention von Krankheiten. Eine ausgewogene Ernährung, regelmäßige körperliche Aktivität und positive zwischenmenschliche Beziehungen tragen zur Stärkung des Immunsystems und zur Förderung des allgemeinen Wohlbefindens bei.

Es ist wichtig, zu beachten, dass die Schulmedizin und die Naturmedizin unterschiedliche Ansätze verfolgen, aber sie können auch ergänzend wirken. In vielen Fällen kann eine integrative Herangehensweise, bei der die Vorteile beider Ansätze genutzt werden, zu optimalen Ergebnissen führen. Es ist ratsam, mit qualifizierten Fachleuten aus beiden Bereichen zusammenzuarbeiten, um die bestmögliche Behandlung und Unterstützung zu erhalten.

16 Was ist Glück und wo finde ich es?

„Es gibt keinen Weg zum Glück.
Glücklichsein ist der Weg."
Buddha

Die Frage nach dem Glück ist eine, die die Menschheit seit Jahrtausenden beschäftigt. Die Antwort auf diese Fragen ist komplex und nuanciert, da sie von vielen Faktoren beeinflusst wird, insbesondere von kulturellen, religiösen und wirtschaftlichen Einflüssen, die uns in eine ambivalente Lage führen können.

Für die meisten Menschen ist Glück ein Zustand des Wohlbefindens, in dem wir uns glücklich, zufrieden und erfüllt fühlen. Es ist ein Zustand, in dem uns die Welt um uns herum in Harmonie und Frieden erscheint, in dem wir die Freude und den Sinn im Leben empfinden. Dieser Zustand des Glücks ist jedoch nicht permanent und kann schwanken und von vielen Faktoren beeinflusst werden, von emotionalen und intellektuellen bis hin zu kulturellen und gesellschaftlichen Faktoren.

In der Kindheit lässt sich das Glück oft am leichtesten finden. Kinder haben eine natürliche Freude am Leben und eine Neugierde für die Welt um sich herum, die sie unbeschwert und glücklich macht. Sie sind unverfälscht und frei von den negativen Einflüssen der Welt, die später im Leben auf sie einwirken.

Doch sobald wir älter werden, können wir uns zunehmend von diesem Glück entfernen. Wege, die uns in unserer Kindheit glücklich gemacht haben, geben uns als Erwachsene oft nicht mehr dasselbe Glücksgefühl. Unsere Kultur, Religion und ökonomischen Interessen können uns dazu verleiten, uns von unseren inneren Bedürfnissen abzuwenden, uns von unseren sozialen Bindungen und Beziehungen zu entfernen oder uns dazu zu zwingen, uns auf das Materialistische zu konzentrieren und somit unsere innere Zufriedenheit und Balance zu stören.

Ein Beispiel dafür ist unsere aktuelle westliche Kultur, die stark auf Materialismus und Selbstoptimierung ausgerichtet ist. Wir leben in einer Welt, in der unser Glück oft mit dem Besitz von Dingen wie Smartphones, Autos, Häusern und Geldmitteln gleichgesetzt wird. Wir können uns oft von unseren inneren Werten und Bedürfnissen entfernen, um uns auf die nächste Karriere oder den nächsten Kauf zu konzentrieren, die uns kurzfristig Glücksgefühle geben sollen.

Religion und Kultur können jedoch auch dazu beitragen, uns in eine positive Richtung zu lenken und uns zu helfen, unser Glück im Leben zu finden. In einigen Religionen wie dem Buddhismus wird das Glück als das Ergebnis des inneren Friedens und der geistigen Praxis verstanden. Durch Meditation, Achtsamkeit und das Leben nach Buddhas Haltung der Liebe und Güte gegenüber anderen kann das Glück in diesem Sinne eine natürliche Konsequenz sein.

Auch die Kultur eines Landes mag dazu beitragen, das Glück der Bevölkerung zu fördern. Beispielsweise legen einige asiatische Gesellschaften, wie Bhutan und Japan, einen hohen Stellenwert auf das Glück ihrer Bürger und bemühen sich, dies durch politische Maßnahmen und wirtschaftliche Strategien zu fördern. In Bhutan wird jedes Jahr ein nationaler Glücksindex veröffentlicht, der das Glück der Bevölkerung misst und in Japan fördert die Regierung das Konzept des „Ikigai", ein Konzept, das „Lebenssinn" bedeutet, dass man in der Arbeit, der Familie, der Liebe und den eigenen Hobbys findet und stärkt, um das Glück zu fördern.

Das Glück lässt sich auch durch den Einfluss von Familie und Freunden erreichen. Soziale Bindungen und das Gefühl, Bestandteil einer Gemeinschaft zu sein, können dabei helfen, das innere Bedürfnis nach der Zugehörigkeit zu erfüllen und somit Glück zu empfinden. Die gemeinsame Verfolgung von Interessen und Aktivitäten mit Freunden und Familie kann dazu beitragen, das Glück zu stärken und zu fördern.

Die Vorstellung, dass Glücklichsein der Weg selbst ist, weist darauf hin, dass das Streben nach einem Endziel des Glücks oft eine Illusion sein kann. Statt nach äußeren Bedingungen oder

Zielen zu suchen, die vermeintlich das Glück bringen sollen, lehrt Buddha, dass wahres Glück im Hier und Jetzt zu finden ist. Es ist eine Geisteshaltung, die unabhängig von den Widrigkeiten des täglichen Lebens existiert.

Das Bild eines Pendels, das seine Mitte immer wieder findet, spiegelt die Idee wider, dass Glücklichsein nicht in einem konstanten Zustand der Euphorie oder Freude besteht, sondern eher in der Fähigkeit liegt, mit den Höhen und Tiefen des Lebens in Einklang zu sein. Ähnlich einem Pendel, das zwischen den Extremen schwingt, kehrt die wahre Zufriedenheit immer wieder in die Mitte zurück – ein Gleichgewicht, das durch Akzeptanz, Achtsamkeit und eine positive Geisteshaltung erreicht wird.

Glück ist ein dynamischer und sich ständig verändernder Zustand, den jeder auf seine eigene Weise finden sollte. Es ist wichtig, unsere Kultur, unsere Religion, unsere sozialen Bindungen und unsere persönlichen Werte zu berücksichtigen, um unser Glück zu finden und aufrechtzuerhalten, da das Glück selbst oft ein Gleichgewicht aus diesen Faktoren ist. Wenn wir diesen Einflussfaktoren Beachtung schenken, können wir in der Lage sein, das Glück in unserem Leben zu finden und zu pflegen.

17 Was ist der Sinn des Lebens?

„Der Sinn des Lebens ist es, dem Leben einen Sinn zu geben."
Hermann Hesse

Die Antwort auf die Frage nach dem Sinn des Lebens ist eine, die die Menschheit seit jeher beschäftigt. Es ist ein universelles Thema, das in verschiedenen Kulturen, Religionen und Philosophien diskutiert wird. Es gibt viele verschiedene Antworten auf diese Frage, jede mit ihrem eigenen einzigartigen Ansatz und Fokus.

Die buddhistische Lehre ist eine, die eine einzigartige Perspektive auf den Sinn des Lebens bietet. Im Buddhismus geht es um das Erkennen der wahren Natur des Selbst und das Erreichen der Erleuchtung. Die buddhistische Philosophie betont die Bedeutung des Loslassens von weltlichen Wünschen und Verlangen und die Suche nach einer tiefen inneren Ruhe und Frieden. In der buddhistischen Lehre ist der Sinn des Lebens, das Leid in der Welt zu überwinden, indem man eine tiefere Harmonie und eine tiefere Verbindung zu allen Wesen erreicht.

Innerhalb des christlichen Glaubens zum Beispiel liegt der Sinn des Lebens in einer liebevollen Beziehung zu Gott und zu anderen Menschen. Christen glauben, dass das Leben von Gott gegeben ist und dass jeder Mensch einen einzigartigen Zweck und Wert hat. Sie streben danach, nach den Geboten Gottes zu leben, das Gute zu tun und den Glauben zu verbreiten, mit dem letztendlichen Ziel, das ewige Leben bei Gott zu erlangen.

In der islamischen Religion ist der Sinn des Lebens eng mit dem Konzept des „Tauhid“, der Einheit Gottes, verbunden. Muslime streben danach, Allah in jeder Hinsicht zu dienen und zu verehren, ein sittliches Leben zu führen und das Gute zu fördern und Böse zu vermeiden. Im Islam wird das Streben nach Wissen hoch geschätzt, da es zu einem tieferen Verständnis von Allah und seiner Schöpfung führt. Die ultimative Belohnung für ein frommes Leben ist das Paradies im Jenseits.

In der modernen, säkularen Gesellschaft, in der viele Menschen sich von traditionellen religiösen Überzeugungen entfernt haben, kann das Gesetz der Anziehung und die Idee, dass sich unser Leben durch unsere Gedanken und Überzeugungen beeinflussen lässt, eine wichtige Rolle bei der Suche nach dem Sinn des Lebens spielen. Einige Menschen glauben, dass der Sinn des Lebens darin besteht, Glück und Erfüllung zu finden, indem man positiv denkt, seine Leidenschaften verfolgt und positive Beziehungen pflegt.

Für viele Menschen liegt der Sinn des Lebens darin, ihre Träume und Ziele zu erreichen. Diese Menschen verfolgen ihre Leidenschaften und Interessen. In dieser Perspektive liegt der Sinn des Lebens in der individuellen Entfaltung und in der Verwirklichung seiner Träume.

Der Sinn des Lebens kann auch in der Liebe und in zwischenmenschlichen Beziehungen gefunden werden. Menschen können ihre Erfüllung in der Fürsorge und Unterstützung ihrer Familie und Freunde sowie einen Sinn im Leben finden, indem sie anderen helfen.

Es gibt jedoch auch die Ansicht, dass es keinen Sinn im Leben gibt. Diese Perspektive geht davon aus, dass unser Leben zufällig und bedeutungslos ist und dass jeder Mensch seinen eigenen Sinn und Zweck finden muss.

In Bezug auf das Gesetz der Anziehung und der Kraft der Gedanken und Gefühle können diese eine wichtige Rolle bei der Suche nach dem Sinn des Lebens spielen. Es wird angenommen, dass unsere Gedanken und Überzeugungen die Realität um uns herum beeinflussen und dass wir durch unser Denken und Fühlen unsere Zukunft erschaffen. Wenn wir uns auf positive Gedanken und Überzeugungen konzentrieren, können wir uns auf den Sinn des Lebens fokussieren und unsere Ziele und Träume erreichen.

Im Buddhismus wird gelehrt, dass unser Verlangen und Wünsche uns von unserem wahren Selbst entfernen. Durch die Praxis von Meditation und Achtsamkeit lässt sich bewusst werden und unsere Gedanken und Emotionen beobachten, um uns von negativen Gefühlen und Überzeugungen zu lösen. Indem wir uns von weltlichem Verlangen und Wünschen trennen, können wir ein tiefes Gefühl des Friedens und der Harmonie erreichen, das uns auf den Weg zur Erleuchtung führt.

Es gibt viele verschiedene Antworten auf die Frage, was der Sinn des Lebens ist. Jeder Mensch muss seinen eigenen Weg finden und seinen Sinn und Zweck im Leben suchen. Die buddhistische Lehre lehrt uns jedoch, dass der Weg zurück zu unserem wahren Selbst und dem Finden unserer inneren Natur durch die Überwindung des Leidens führt. Der Fokus sollte auf der Suche nach innerem Frieden und Harmonie liegen, um ein sinnvolles, erfülltes Leben zu führen. Wenn wir uns auf positive Gedanken und Überzeugungen konzentrieren, lässt sich unser Leben in die gewünschte Richtung lenken und lassen sich unsere Träume und Ziele erreichen.

18 Wie erlangen wir inneren Frieden?

„Du kannst dir inneren Frieden und Glückseligkeit nicht herstellen. Sie sind deine wahre Natur. Sie bleiben übrig, wenn du all das aufgibst, was dich leiden lässt.“
Buddha

Das Erreichen von innerem Frieden ist ein zentraler Teil des menschlichen Daseins und für viele von uns ein lebenslanger Prozess. Es gibt keinen einzigen Weg, um inneren Frieden zu erlangen, da jeder Mensch unterschiedliche Bedürfnisse und Erfahrungen hat. Es gibt jedoch bestimmte Qualitäten, die uns helfen können, auf dem Weg des inneren Friedens zu bleiben und uns dazu befähigen, unser volles Potenzial zu entfalten.

Die höchsten menschlichen Qualitäten, die uns zum inneren Frieden führen können, sind Liebe, Freiheit und Wahrheit. Die Liebe ist eine der höchsten Formen der Energie und kann uns helfen, in uns selbst Frieden und Harmonie zu finden. Wenn wir uns selbst lieben und selbst Akzeptanz üben, lässt sich unser Geist von Negativität und Selbstzweifel befreien. Wir können lernen, uns selbst und andere bedingungslos zu lieben, um inneren Frieden zu erreichen.

Die Freiheit ist eine weitere wichtige Qualität, die uns befähigt, inneren Frieden zu finden. Wenn wir uns frei fühlen, haben wir mehr Kontrolle über unser Leben und treffen Entscheidungen, die uns glücklicher und zufriedener machen. Wir sollten uns von negativen Gedanken und Begrenzungen befreien und uns darauf konzentrieren, Dinge zu tun, die uns Freude bereiten und uns erlauben, unser volles Potenzial zu entfalten.

Die Wahrheit ist eine weitere wichtige Qualität, die uns zum inneren Frieden führen kann. Indem wir uns selbst gegenüber ehrlich sind, lässt sich unser Geist von negativen Gedanken und überflüssiger Sorgfalt befreien. Wir sollten versuchen, uns selbst und anderen gegenüber wahrhaftig zu sein und nicht in

Scheinwelten zu leben, um uns von Nutzen zu sein und Frieden in unserem Geist zu finden.

Es wird angenommen, dass wir aus Licht und Energie und somit ewig sind. Diese spirituelle Überzeugung kann uns helfen, innere Sicherheit zu erreichen. Wir sollten uns unsere Sterblichkeit bewusst machen und uns darauf konzentrieren, das Richtige zu tun, um uns und anderen auf unserem Weg zu helfen. Indem wir andere wie auch uns selbst unterstützen, können wir einen tieferen Sinn des Lebens erfahren und dadurch Frieden in unserem Herzen finden.

Es gibt einige Schritte, die wir unternehmen können, um den inneren Frieden zu erreichen. Hier sind einige davon:

1. Praktiziere Meditation: Eine einfache Praxis, die dir helfen kann, deinen Geist zu beruhigen, ist die Meditation. Dies kann dir helfen, dich zu fokussieren und dich von negativen Gedanken und Emotionen zu befreien.

2. Verbringe Zeit in der Natur: Spaziergänge in der Natur und das Einatmen von frischer Luft sind hilfreich, um dich zu entspannen und den Stress des Alltags loszulassen. Dies kann dir auch helfen, deine Gedanken zu klären und deinen Körper zu stärken.

3. Umgebe dich mit positiven Einflüssen: Es ist wichtig, sich von negativen Einflüssen fernzuhalten und sich mit positiven Menschen und Umgebungen zu umgeben. Dies mag dir helfen, dich selbst zu motivieren und deinen Fokus auf das Gute zu richten.

4. Identifiziere deine Werte und lebe danach: Eine weitere Möglichkeit, inneren Frieden zu finden, ist, deine Werte zu identifizieren und danach zu leben. Indem du dein Leben so lebst, dass es deinen tiefsten Überzeugungen entspricht, lässt sich ein Leben führen, das dir Freude bereitet und ein Gefühl von Sinn gibt.

5. Verzeihe dir selbst und anderen: Es ist wichtig, sich selbst und anderen zu vergeben, um inneren Frieden zu finden und Schuld oder negative Emotionen um sich herum zu beseitigen. Indem du verzeihst, kannst du dich von deinem negativen Gepäck befreien und spirituell voranschreiten.

Eine weitere fundamentale Qualität auf dem Weg zum inneren Frieden ist die innere Balance. Balance im Leben spielt eine entscheidende Rolle, um innere Ruhe und Frieden zu erlangen. Balance bedeutet, in allen Lebensbereichen, ob körperlich, geistig, emotional oder spirituell, eine gesunde Harmonie zu finden. Wenn wir es schaffen, ein ausgewogenes Leben zu führen, in dem Arbeit, Freizeit, soziale Kontakte, Selbstfürsorge und persönliches Wachstum im Einklang stehen, können wir einen Zustand innerer Ruhe und Zufriedenheit erzielen.

Diese Balance erfordert oft bewusste Anstrengungen und Änderungen in unseren Lebensgewohnheiten. Wir müssen lernen, Prioritäten zu setzen, Nein zu sagen, wenn nötig, und uns Zeit für Ruhe und Regeneration zu nehmen. Es ist wichtig, zu erkennen, dass wir nicht alles tun können und dass das Streben nach Perfektion oft zu unnötigem Stress und Unruhe führt. Stattdessen sollten wir lernen, uns selbst und unsere Grenzen zu akzeptieren und uns darauf zu konzentrieren, das Beste aus unseren individuellen Fähigkeiten und Ressourcen zu machen.

Die Suche nach Balance ist auch eine Reise der Selbstentdeckung und -entwicklung. Es geht darum, ein tiefes Verständnis für uns selbst, unsere Werte und Ziele zu entwickeln. Indem wir uns selbst besser kennenlernen und verstehen, was uns wirklich wichtig ist, können wir Entscheidungen treffen, die zu mehr Zufriedenheit und innerem Frieden führen.

Das Streben nach Balance erfordert auch den Mut, alte Gewohnheiten loszulassen, die uns nicht mehr dienen, und neue Wege zu finden, die besser zu unserem wahren Selbst und unseren Bedürfnissen passen. Dies kann bedeuten, dass wir mehr Zeit für körperliche Aktivität, gesunde Ernährung, kreativen

Ausdruck oder spirituelle Praktiken einplanen, je nachdem, was uns hilft, uns ausgeglichen und erfüllt zu fühlen.

Es ist wichtig, sich daran zu erinnern, dass innere Balance kein endgültiger Zustand ist, den man einmal erreicht und dann für immer beibehält. Es ist ein dynamischer Prozess, der Anpassungen, Flexibilität und eine fortwährende Auseinandersetzung mit uns selbst erfordert. Aber indem wir bestrebt sind, unser Leben auszubalancieren und unsere Bedürfnisse und Wünsche in Einklang zu bringen, können wir einen tiefen Sinn für inneren Frieden und Erfüllung erlangen, der uns hilft, die Höhen und Tiefen des Lebens mit Anmut und Gelassenheit zu navigieren.

Der Weg zum inneren Frieden ist ein lebenslanger Prozess, der unterschiedliche Ansätze erfordert, um ihn zu erreichen. Die höchsten inneren Qualitäten, wie Liebe, Freiheit und Wahrheit, können uns helfen, auf diesem Weg inneren Frieden zu finden. Wir sollten auch unsere spirituelle Überzeugung berücksichtigen und uns auf das Gute konzentrieren, um Glück, Erfüllung und Sinn in unserem Leben zu finden. Durch die Praxis von Meditation, das Verbringen von Zeit in der Natur, der Identifikation unserer Werte und der Vergebung können wir uns von unserem negativen Gepäck befreien und den Geist von Belastungen befreien, um Frieden in uns selbst zu finden und weiterzugeben.

19 Welche Bedeutung hat zwischenmenschliche Kommunikation?

„Wenn das Herz Liebe spricht und der Verstand Weisheit flüstert, tanzt die Welt im Rhythmus der Harmonie."
Sam Lysen

Die zwischenmenschliche Kommunikation ist ein fundamentaler Bestandteil des menschlichen Daseins und für unsere Interaktionen mit anderen essentiell. Diese Art der Kommunikation umfasst einen breiten Rahmen von Methoden, um zu kommunizieren, Emotionen und Bedürfnisse auszudrücken, Meinungen auszutauschen und Beziehungen aufzubauen.

Die Bedeutung der zwischenmenschlichen Kommunikation ist weitreichend, da sie eine wichtige Rolle dabei spielt, wie wir uns miteinander verbinden und Beziehungen aufbauen. Eine gut funktionierende Kommunikation verbessert das Verständnis, hilft dem Einzelnen, sich auszudrücken, und ermöglicht eine konstruktive Zusammenarbeit.

Empathie ist eine grundlegende Voraussetzung für effektive zwischenmenschliche Kommunikation. Wenn Menschen miteinander kommunizieren, ist es wichtig, dass sie in der Lage sind, sich in die Perspektive des anderen zu versetzen, um ein besseres Verständnis für dessen Perspektive zu erlangen. Ohne Empathie kann unsere Kommunikation einseitig und missverständlich werden.

Ein weiterer wichtiger Aspekt der zwischenmenschlichen Kommunikation ist das Ausdrücken positiver Gefühle. Menschen tendieren dazu, besser auf Botschaften zu reagieren, die aus einem positiven Gefühl kommen, insbesondere in Beziehungen. Die Verwendung von positiver emotionaler Sprache und das Ausdrücken von Dankbarkeit und Anerkennung können dazu beitragen, Beziehungen zu stärken und eine harmonischere Kommunikation zu schaffen.

Die Kommunikation der Nähe ist ein weiterer Aspekt der zwischenmenschlichen Kommunikation, der stark vom gegenseitigen Verständnis, der Interaktion und dem Teilen von Emotionen und Gedanken abhängt. Bei der Kommunikation der Nähe geht es darum, Beziehungen und Verbindungen durch Verständnis und emotionale Verbindung aufzubauen.

In der Kommunikation der Nähe geht es um die Schaffung einer sicheren und unterstützenden Umgebung, in der Menschen ihre Gefühle und Gedanken offen ausdrücken dürfen, ohne sich Sorgen um Verurteilung und Ablehnung machen zu müssen. Eine offene und ehrliche Kommunikation der Nähe können dabei helfen, das Verständnis und die Zuneigung zwischen zwei Personen zu stärken und eine tiefere Beziehung aufzubauen.

Um eine erfolgreiche Kommunikation der Nähe zu erreichen, ist es wichtig, sowohl auf die verbale als auch auf die nonverbale Kommunikation zu achten. Sowohl Körpersprache als auch Ausdrucksweise und Tonfall sind wichtige Faktoren, wenn es darum geht, unser wahres Selbst auszudrücken und gleichzeitig unsere Beziehungen zu stärken und zu verbessern.

Während verbale Kommunikation zweifellos ein effektives Mittel zur Übermittlung von Gedanken und Gefühlen ist, ist sie nicht das einzige oder unfehlbare Mittel. Die verbale Kommunikation hat ihre Grenzen und ist anfällig für Missverständnisse, Fehlinterpretationen und Manipulationen. Darüber hinaus kann sie das wahre Wesen unseres innersten Selbst und unserer tiefsten Gefühle oft nicht vollständig einfangen. In diesem Sinne mag die Überbetonung der verbalen Kommunikation als Schlüssel zur erfolgreichen zwischenmenschlichen Interaktion einen Mangel an Verständnis für die Sprache des Herzens offenbaren.

Der Aspekt der Empathie, obwohl richtig hervorgehoben, könnte mehr Gewicht darauf legen, wie wir die „Sprache unseres Herzens“ durch nonverbale Hinweise, emotionale Intelligenz und intuitive Verbindungen besser verstehen und artikulieren. Oft sind es diese nonverbalen Kommunikationsformen – eine sanfte Berührung, ein liebevoller Blick, eine tröstende Geste –, die das Wesentliche unserer tiefsten Gefühle besser übermitteln können als Worte.

Das Konzept der „Kommunikation der Nähe“ erkennt zwar die Bedeutung der emotionalen Verbindung und des Verständnisses an, scheint aber erneut auf verbale und nonverbale Ausdrucksweisen zurückzugreifen, anstatt das intuitive Herz-zu-Herz-Verständnis zu betonen, das oft mehr erreicht als Worte.

Schließlich könnten die Strategien zur Konfliktbewältigung, obwohl sinnvoll, eine tiefgehende Selbstreflexion und eine bessere Kenntnis der „Sprache unseres Herzens“ vermissen lassen, um echte Harmonie und Verständnis in unseren Beziehungen zu fördern.

In den meisten Beziehungen gibt es jedoch auch Missverständnisse und Konflikte, die einer erfolgreichen Kommunikation entgegenstehen können. In solchen Situationen ist es wichtig, konstruktive Strategien zur Konfliktbewältigung zu nutzen, um die Beziehungen aufrechtzuerhalten und Verbesserungen herbeizuführen.

Konstruktive Konfliktlösungsstrategien umfassen oft das Ausdrücken von Bedenken und Sorgen auf eine respektvolle Weise, das Zuhören und das Verständnis der Perspektive des anderen sowie die Zusammenarbeit, um gemeinsame Lösungen zu finden. Durch die Pflege solcher Beziehungen können wir unsere Beziehungen stärken, Konflikte auf eine effektive und respektvolle Weise lösen und letztendlich ein glücklicheres und erfüllteres Leben führen.

Die zwischenmenschliche Kommunikation ist für das menschliche Dasein entscheidend. Es ermöglicht uns, Beziehungen und Freundschaften aufzubauen, unser Verständnis von anderen und uns selbst zu vertiefen und in unserer Umgebung mit anderen zu verbinden. Die Fähigkeit, empathisch zu sein und positiv zu kommunizieren, kann uns helfen, bessere Beziehungen aufzubauen und unser Leben insgesamt erfüllender zu gestalten.

20 Dürfen wir Tiere essen?

„Die Größe und den moralischen Fortschritt einer Nation kann man daran messen, wie sie ihre Tiere behandeln."
Mahatma Gandhi

Die Diskussion darüber, ob wir Tiere essen dürfen, beschäftigt die Menschen seit langem. Es gibt viele Argumente dafür und dagegen, die diese Frage sehr komplex machen. Eines der zentralen Themen bei dieser Diskussion ist die Frage, ob Tiere tatsächlich den Menschen ähnliche Gefühle haben und ob sie ein Recht auf Glück und Freiheit haben.

Ein Großteil der Menschen, die gegen den Verzehr von Fleisch sind, argumentiert, dass alle Lebewesen, einschließlich Tiere, Gefühle haben und ein Streben nach Glück und Freiheit beabsichtigen. Sie argumentieren auch, dass die meisten Tiere, die wir essen, in einer grausamen und unethischen Art und Weise behandelt werden, bevor sie auf unseren Tellern landen. Diese Behandlung ist oft sehr schmerzhaft und qualvoll für die Tiere. Tierschützer argumentieren deshalb, dass es moralisch falsch ist, Tiere zu essen.

Traditionelle Menschen hingegen scheinen auf diese Diskussion nicht eingehen zu wollen. Sie argumentieren, dass Fleisch ein natürlicher Bestandteil unserer Ernährung ist und dass wir es schon immer gegessen haben. Sie glauben auch, dass Fleischessen zur Tradition und Kultur gehört und es deshalb falsch ist, sich gegen den Verzehr von Fleisch auszusprechen.

Allerdings ist zu beachten, dass heutzutage das Überleben der Menschheit ohne das Verzehren von Tierfleisch möglich ist. Es gibt viele pflanzliche Alternativen, die reich an Nährstoffen und Kalorien sind und die gleiche Energie und Vitalität wie tierische Produkte bieten können. Tiere zu essen ist heute also nicht mehr so notwendig, wie es in der Vergangenheit vielleicht war.

In jüngster Zeit ist auch eine Bewegung entstanden, die sich für Tierrechte einsetzt. Diese Bewegung argumentiert, dass Tiere ein Recht auf Glück und Freiheit haben und dass es moralisch falsch ist, sie zu essen oder in Käfigen und Schachteln zu halten. Sie argumentieren, dass es unsere Verantwortung als Menschen ist, Tiere zu schützen und zu respektieren, da sie die gleiche Würde wie Menschen haben.

Ein weiteres Problem bei der tierischen Produktion ist, dass mächtige Interessengruppen einige entscheidende Positionen einnehmen. Sie können die Bedingungen für Tiere und die Art und Weise, wie sie gezüchtet und gehalten werden, beeinflussen. Daher ist es wichtig, die Macht von Interessengruppen zu reduzieren und sicherzustellen, dass Tiere in einer humanen Art und Weise behandelt werden. Soziale Medien ermöglichen es uns heutzutage, unsere freie Meinung kundzutun und Maßnahmen gegen die unethische Behandlung von Tieren zu ergreifen. Es ist wichtig, dass wir uns dafür einsetzen, dass Tiere in einer humanen Art und Weise behandelt werden.

Ein weiteres zentrales Thema dieser Diskussion ist das Leben der Menschheit im Einklang mit der Natur. Wir leben in einer Gesellschaft, in der viele unserer Handlungen den Planeten und seine Ressourcen zerstören. Wir müssen uns bewusst sein, wie unsere Entscheidungen das Leben anderer Lebewesen beeinflussen und wie wir mit der Natur und unseren Mitmenschen zusammenleben. Indem wir uns für eine tierfreundliche Gesellschaft einsetzen, tragen wir dazu bei, das Leben in Einklang mit der Natur zu bringen.

In Verbindung mit dem Gesetz des Triumphs, das besagt, dass alles, was wir töten und essen, ein Teil von uns wird, entsteht eine tiefe philosophische Betrachtung dieser Diskussion. Wenn wir Tiere essen, nehmen wir nicht nur ihre physischen Eigenschaften in Form von Nährstoffen auf, sondern auch ihre energetischen und spirituellen Eigenschaften. Es könnte argumentiert werden, dass die Art und Weise, wie wir Tiere behandeln, bevor sie auf unseren Tellern landen, einen tiefen Einfluss auf uns selbst hat. Wenn Tiere unter Bedingungen von Stress, Angst und Leid aufgezogen und getötet werden, nehmen wir diese negativen Energieformen in uns auf, wenn wir sie essen.

Aus biologischem Betrachtungswinkel sind wir Menschen ein Teil dieses natürlichen Gefüges, Teil einer umfassenden, komplexen Gemeinschaft von Lebewesen. Innerhalb dieses Gefüges herrscht das unerbittliche Gesetz des Stärkeren. In der Natur gibt es keinen Arbeitsplatz, der Unterhalt wird nicht verdient, sondern direkt aus ihr bezogen, indem man nimmt, was im Moment gebraucht wird.

Unsere menschlichen Triebe, die uns in dieser Hinsicht leiten, sind durch kulturelle und gesetzliche Normen eingeschränkt. In Bezug auf den Verzehr von Fleisch wird die Thematik kompliziert. Es liegt in unserer Natur, über andere Lebewesen zu triumphieren. Dies verleiht uns ein Gefühl von Stärke und Potenz.

Dennoch schreitet die Entwicklung unserer Zivilisation voran, wenn auch langsam. Heutzutage entscheiden sich viele Menschen bewusst dafür, auf Fleisch zu verzichten. Diese Wahl basiert oft auf moralischen und ethischen Prinzipien. Es ist eine Evolution der Gedanken und Verhaltensweisen, die Generationen benötigt, um sich zu entfalten.

Es ist eine sehr komplexe Frage, ob wir Tiere essen dürfen oder nicht. Wir müssen uns bewusst sein, dass jede Veränderung im unser täglichen Leben Zeit und Aufklärung benötigt. Obwohl wir unsere Triebe nicht komplett zurückstellen können, können wir eine Gesellschaft schaffen, die im Einklang mit der Natur lebt, indem wir uns für eine humane Behandlung von Tieren einsetzen und nachhaltige Entscheidungen treffen.

21 Warum kannst du gute Ideen nicht umsetzen?

„Nicht die Geschwindigkeit ist entscheidend für die Umsetzung seiner Träume, sondern das stetige Wirken in ihr.“
Friedrich von Schiller

Es gibt viele Gründe, warum gute Ideen manchmal nicht umgesetzt werden können. Ein wichtiger Faktor, der oft übersehen wird, ist der Rhythmus des Tages, in dem wir mehr oder weniger kreativ sind. Unsere Fähigkeit, kreativ zu sein, hängt stark von unserer geistigen Verfassung ab, und unser Verstand arbeitet in Zyklen von konzentrierter Arbeit und Entspannung. Ein weiterer bedeutender Faktor ist das Gesetz der Anziehung, das besagt, dass unsere Gedanken und Überzeugungen unsere Realität formen und unsere Möglichkeiten beeinflussen können. Abgesehen davon gibt es einige allgemeine Faktoren, die zum Erfolg unserer Ideen beitragen – dazu zählen das Gefühl von Flow, das Umfeld, in dem wir uns bewegen, sowie unsere Einstellung und unser Engagement.

Der Flow beschreibt einen Zustand der außergewöhnlichen Konzentration und Schaffenskraft, in dem wir uns völlig in eine Aufgabe vertiefen. Alle Gedanken und Emotionen treten von uns zurück, und wir fühlen uns vollkommen eins mit unseren Handlungen. In diesem Zustand sind wir äußerst produktiv und kreativ und können unser volles Potenzial ausschöpfen. Der Flow kann uns helfen, gute Ideen zu entwickeln und in die Tat umzusetzen. Der Schlüssel zum Erreichen des Flows besteht darin, die richtige Balance zwischen Herausforderung und Fähigkeit zu schaffen. Je mehr Herausforderungen wir auf uns nehmen, desto intensiver ist unser Flow.

Unsere Umgebung kann ebenfalls eine wichtige Rolle dabei spielen, ob unsere Ideen erfolgreich umgesetzt werden. Ein inspirierendes und unterstützendes Umfeld kann alles verändern – es mag uns dazu ermutigen, Risiken einzugehen, motivieren und helfen, uns auf unsere Ziele zu fokussieren. Wir sollten uns in einer Umgebung bewegen, in der wir uns wertgeschätzt fühlen, die uns eine gewisse Stabilität gibt und in der wir uns wohl fühlen. Darüber hinaus sollten wir uns auch bewusst sein, dass wir unsere Umgebung oft selbst beeinflussen. Wir können uns selbst die Freiheit geben, eine inspirierende Umgebung zu schaffen, indem wir unser Zuhause so gestalten, dass es inspiriert und motiviert.

Das Gesetz der Anziehung besagt, dass unsere Gedanken und Überzeugungen unsere Realität formen. Es ist ein Konzept, das seit Jahrtausenden in vielen Kulturen und Weltanschauungen diskutiert wird. Einfach ausgedrückt, besagt das Gesetz der Anziehung, dass wir Dinge anziehen, auf die wir uns fokussieren – sowohl positiv als auch negativ. Wenn wir uns also auf unsere Ziele und unsere Träume fokussieren und positiv denken, ziehen wir positive Ereignisse und Ressourcen an. Es erfordert jedoch ein gewisses Maß an Hingabe und Disziplin, um dieses Prinzip erfolgreich anzuwenden. Die Dinge, die wir anziehen, die sich positiv oder negativ zeigen können, erscheinen oft als neue Herausforderung im Leben. Das Bewältigen dieser Schwierigkeiten eröffnet uns neue Möglichkeiten, die unser Leben zum Positiven verändern können.

Obwohl es viele Faktoren gibt, die zu einem erfolgreichen Unterfangen beitragen können, gibt es auch einige Fallstricke, die uns daran hindern können, unsere Ideen umzusetzen. Wir sollten uns z. B. bewusst sein, dass wir uns oft von Ängsten und Selbstzweifeln beeinflussen lassen, die uns daran hindern, unsere Ideen zu verfolgen. Wir sollten uns auch davon abhalten, uns selbst zu sehr unter Druck zu setzen und zu viele Ziele zu setzen, die zu schwer zu erreichen sind. Wenn wir uns diese Dinge bewusst machen, können wir besser lernen, uns auf unsere Stärken zu konzentrieren und auf das zu fokussieren, was wirklich wichtig ist.

In Bezug auf die Fluktuationen der Kreativität, die wir während des Tages erleben, können der Einfluss und die Meinungen anderer dazu führen, dass wir uns in weniger kreativen Phasen entmutigt oder unsicher fühlen. Dies führt möglicherweise dazu, dass eine gute Idee nicht in dem Maß verfolgt wird wie sonst.

Im Hinblick auf den Flow-Zustand kann das vorzeitige Teilen von Vorhaben dazu führen, dass wir aus diesem Zustand herausgerissen werden. Negative Rückmeldungen oder Misstrauen können unser Selbstvertrauen untergraben und die Fähigkeit beeinträchtigen, uns ganz auf die Aufgabe zu konzentrieren, was den Flow-Zustand unterbricht.

Die Umgebung, in der wir uns bewegen, hat ebenfalls einen erheblichen Einfluss auf unsere Vorhaben. Wenn wir eine Idee zu früh teilen und unsere Umgebung nicht unterstützend oder inspirierend ist, kann dies bewirken, dass wir uns entmutigt fühlen oder die Idee verwerfen.

In Bezug auf das Gesetz der Anziehung könnte das Teilen von Vorhaben, bevor sie eine konkrete Form haben, dazu führen, dass wir negative Energien oder Zweifel anziehen, die unsere Fähigkeit, positive Ergebnisse zu erzielen, beeinträchtigen. Es ist wichtig, sich bewusst zu machen, dass Gedanken und Überzeugungen unsere Realität formen und dass es eine gewisse Disziplin und Engagement erfordert, dieses Prinzip erfolgreich anzuwenden.

Schließlich sollten wir uns bewusst sein, dass Ängste und Selbstzweifel unter Umständen ein Hindernis für die Umsetzung unserer Ideen sind. Wenn wir unsere Vorhaben teilen, bevor sie eine konkrete Form haben, können wir uns anfällig für Kritik und Zweifel machen, die unsere Ängste und Selbstzweifel verstärken.

Es gibt viele Gründe, warum gute Ideen manchmal nicht umgesetzt werden. Unser geistiger Zustand, unsere Umwelt, unsere Einstellung und unser Engagement können alle zum Erfolg unserer Ideen beitragen. Wir sollten uns darauf konzentrieren, den Flow zu erreichen, eine inspirierende Umgebung zu schaffen und das Gesetz der Anziehung erfolgreich anzuwenden. Wenn wir uns dazu verpflichten, uns auf unsere Ziele zu fokussieren und hartnäckig daran zu arbeiten, können wir gute Ideen erfolgreich umsetzen und unser volles Potenzial ausschöpfen.

22 Welcher Weg führt zu Wohlstand und Reichtum?

„Was bedeutet schon Geld? Ein Mensch ist erfolgreich, wenn er zwischen Aufstehen und Schlafengehen das tut, was ihm gefällt."
Bob Dylan

Die Suche nach Wohlstand und Reichtum ist eine der zentralen Fragen, die die Menschheit seit jeher beschäftigt hat. Immer wieder gibt es Menschen, die auf der Suche nach finanziellem Erfolg sind und sich fragen, welcher Weg sie zu diesem Ziel führen wird. Doch Wohlstand und Reichtum sind nicht nur eine Frage des materiellen Erfolgs. Es geht auch um den inneren Reichtum, den Umgang mit dem Verzicht und das universale Gesetz des Ausgleichs.

Der innere Reichtum umfasst mehr als nur die finanzielle Sicherheit. Es geht darum, wie zufrieden wir mit unserem Leben sind und uns selbst wahrnehmen. Wenn wir uns selbst wertschätzen und uns unserer Fähigkeiten und Talente bewusst sind, können wir uns zuversichtlich und stark fühlen, unabhängig davon, wie viel Geld wir verdienen. Wenn wir jedoch das Gefühl haben, dass wir uns nicht genug wertschätzen oder unser Leben nicht in vollen Zügen leben, fühlen wir uns möglicherweise unglücklich, selbst, wenn wir finanziell abgesichert sind.

Finanzieller Erfolg ist oft eng mit der Fähigkeit verbunden, Beziehungen aufzubauen und zu pflegen. Hier kommt die emotionale Intelligenz ins Spiel. Menschen mit hoher emotionaler Intelligenz wissen ihre eigenen Emotionen zu erkennen und zu regulieren, empathisch auf die Gefühle anderer zu reagieren und effektiv zu kommunizieren. Diese Fähigkeiten sind in der Geschäftswelt von unschätzbarem Wert, da sie die Entwicklung von starken Kundenbeziehungen, Mitarbeiterführung und Verhandlungsgeschick erleichtern. Durch den Aufbau emotionaler Intelligenz lässt sich ein unterstützendes Netzwerk aufbauen, das bei der Erreichung von finanziellen Zielen hilft und gleichzeitig ein erfülltes soziales Leben ermöglicht.

Weisheit ist ein oft übersehener, aber entscheidender Faktor für langfristigen Wohlstand und Reichtum. Weise Menschen sind in der Lage, kluge Entscheidungen zu treffen, die auf langfristigen Zielen und Werten basieren. Sie haben die Fähigkeit, Risiken einzuschätzen und Chancen zu erkennen, ohne sich von kurzfristigen Versuchungen blenden zu lassen. Durch eine weise Finanzplanung und Investition können sie langfristige finanzielle Sicherheit aufbauen. Weisheit bedeutet auch, aus Fehlern zu lernen und sich stetig weiterzuentwickeln. Sie ermöglicht es Menschen, sich flexibel an neue Herausforderungen anzupassen und innovative Lösungen zu finden. Auf diese Weise bildet Weisheit das Fundament für eine nachhaltige finanzielle Entwicklung und unterstützt gleichzeitig das persönliche Wachstum und die Erfüllung.

Das universale Gesetz des Ausgleichs spielt ebenfalls eine wichtige Rolle auf dem Weg zum Wohlstand und zum Reichtum. Es besagt, dass das Universum immer einen Ausgleich beim Ausüben von Unrecht bewirkt. Menschen, die schlecht behandelt und ausgebeutet werden, erhalten im Gegenzug durch die Waage des Universums möglicherweise eine Entschädigung. Wenn wir uns jedoch auf positive Dinge konzentrieren und das Leben anderer bereichern, lassen sich ein positiver Ausgleich erhalten und Wohlstand und Reichtum erreichen.

Innerer Reichtum, in Form von Wissen, Weisheit und emotionaler Intelligenz, spielt eine ebenso wichtige Rolle bei der Anhäufung von materiellem Reichtum. Innerer und äußerer Reichtum können nicht unabhängig voneinander existieren, sondern sind ineinander verwoben. Ein Individuum, das reich an Wissen und guten Ideen ist, wird diese inneren Ressourcen nutzen, um die Welt um sich herum zu beeinflussen. Auf diese Weise wird der innere Reichtum außen manifestiert und trägt zur Schaffung von äußerem Reichtum bei. Die Welt um uns herum ist somit eine Reflexion unseres inneren Zustandes, eine Darstellung unseres inneren Reichtums. Aber die Beziehung zwischen innerem und äußerem Reichtum ist keine Einbahnstraße. Der äußere Reichtum, wenn er klug und weise genutzt wird, kann dazu beitragen, den inneren Reichtum zu fördern. Er ermöglicht es uns, neue Erfahrungen zu sammeln, uns weiterzubilden und kulturell zu bereichern, was wiederum unser inneres Wissen und unsere Weisheit erhöht.

Es besteht die Notwendigkeit von Verzicht und Ausgleich im Streben nach Wohlstand und Reichtum. Der Umgang mit Verzicht hilft uns, unsere wirklichen Bedürfnisse zu erkennen und uns auf das Wesentliche zu konzentrieren. Es erlaubt uns, Glück und Zufriedenheit jenseits des materiellen Besitzes zu finden und trägt zur Kultivierung von innerem Reichtum bei. Das universale Gesetz des Ausgleichs dient als moralischer Kompass in unserem Streben nach Reichtum. Es erinnert uns daran, dass das Streben nach äußerem Reichtum niemals auf Kosten anderer geschehen sollte und dass positive Handlungen einen positiven Ausgleich hervorbringen.

Es gibt viele Wege, die uns zu Wohlstand und Reichtum führen. Einige Menschen glauben, dass hart zu arbeiten und sich auf beruflichen Erfolg zu konzentrieren der Schlüssel zum Erfolg ist. Andere fokussieren sich auf Investitionen und Finanzplanung, um ihre finanzielle Zukunft zu sichern. Wiederum andere glauben, dass das Erreichen von Wohlstand und Reichtum auf spiritueller Ebene geschieht, indem sie sich auf ihre geistige und emotionale Gesundheit konzentrieren und sich selbst und anderen helfen.

Egal, welchen Weg wir wählen, es ist wichtig, dass wir uns auf unser Ziel fokussieren und hartnäckig daran arbeiten. Wir sollten uns von dem Gedanken leiten lassen, dass unser Handeln eine Auswirkung auf die Welt um uns herum hat und wir uns mit unserem Handeln in eine positive Richtung bewegen. So können wir nicht nur unseren eigenen Wohlstand erreichen, sondern auch das Leben anderer bereichern und dazu beitragen, eine bessere Welt zu schaffen.

Wohlstand und Reichtum sind mehr als nur reine materielle Werte. Es geht auch um inneren Reichtum, den Umgang mit dem Verzicht und das universale Gesetz des Ausgleichs. Auf dem Weg zum Wohlstand und Reichtum sollten wir uns auf positive Ziele konzentrieren, hartnäckig arbeiten und positive Auswirkungen auf die Welt um uns herum schaffen. Wenn wir uns auf den Weg machen, um Wohlstand und Reichtum zu erreichen, sollten wir auch nie vergessen, dass es auf unserem Weg um mehr als nur materielle Werte geht – es geht vor allem um innere Zufriedenheit und die Bereicherung unseres Lebens.

23 Wie kann ein Mensch mit wenig zufrieden sein?

„Die schlimmste Art der Ungerechtigkeit ist die vorgespielte Gerechtigkeit."
Platon

In einer Welt, in der materieller Reichtum oft als Maßstab für Erfolg und Zufriedenheit gilt, stellt sich die Frage, wie ein Mensch mit wenig materiellen Ressourcen dennoch zufrieden sein kann. Diese Frage gewinnt an Bedeutung, wenn wir bedenken, dass der Weg zum finanziellen Erfolg oft lang und beschwerlich ist. In diesem Text werden wir untersuchen, wie Menschen mit wenig materiellem Reichtum dennoch Erfüllung finden können und warum es möglicherweise nicht immer lohnenswert ist, die gesamte Energie auf die Verfolgung von finanziellem Reichtum zu richten.

Zufriedenheit ist in erster Linie eine Frage der Perspektive. Menschen mit wenig materiellen Ressourcen können lernen, den Fokus auf das zu legen, was sie haben, anstatt auf das, was ihnen fehlt. Sie können ihre Wertschätzung für die kleinen Dinge im Leben entwickeln und sich bewusst machen, dass materieller Reichtum nicht immer mit Glück und Zufriedenheit einhergeht. Indem sie ihre Denkweise ändern und die positiven Aspekte ihres Lebens betonen, lässt sich die eigene Zufriedenheit steigern.

Menschen mit wenig materiellem Reichtum haben oft die Möglichkeit, sich auf die Entwicklung ihres inneren Reichtums zu konzentrieren. Emotionale Intelligenz, persönliches Wachstum, kreative Ausdrucksmöglichkeiten und zwischenmenschliche Beziehungen sind nur einige Beispiele für den inneren Reichtum, der unabhängig von finanziellen Ressourcen erlangt werden kann. Indem sie ihre Stärken und Talente entwickeln, lässt sich ein erfülltes Leben führen und persönliche Erfüllung finden. Die Investition in sich selbst und die persönlichen Fähigkeiten ermöglicht es, das eigene Potenzial zu entfalten.

Ein Leben mit wenig materiellem Reichtum bietet oft die Möglichkeit, die Schönheit des einfachen Lebens zu entdecken. Menschen, die sich auf das Wesentliche beschränken, lernen, die simplen Freuden des Alltags zu schätzen. Die Natur, zwischenmenschliche Beziehungen, kulturelle Erfahrungen und die eigenen Hobbys können eine Quelle der Freude und Erfüllung sein. Indem sie die Einfachheit schätzen und achtsam im Moment leben, lässt sich ein tieferes Verständnis für das Leben entwickeln und wahre Zufriedenheit finden.

Ein Leben mit weniger Besitz ist auch nachhaltiger. Je weniger wir besitzen, desto weniger Ressourcen verbrauchen wir und desto weniger Energie verbrauchen wir. Wir können unseren ökologischen Fußabdruck reduzieren und dazu beitragen, unsere Umwelt zu schützen.

Es ist wichtig, zu erkennen, dass finanzieller Reichtum nicht immer das ultimative Ziel sein muss. Menschen mit wenig materiellem Reichtum können sich stattdessen auf andere Ziele und Prioritäten konzentrieren, die mit ihren persönlichen Werten und Leidenschaften in Einklang stehen. Dies mag die persönliche Weiterentwicklung, soziales Engagement, künstlerischer Ausdruck oder das Streben nach Wissen und Weisheit umfassen. Indem sie ihre eigenen Ziele setzen und diese konsequent verfolgen, lässt sich ein erfülltes und sinnvolles Leben führen, unabhängig von finanziellen Beschränkungen.

Die Zufriedenheit mit Wenigem kann aus verschiedenen Motivationen entstehen. Einerseits kann sie aus einer Notwendigkeit oder einem Zwang resultieren, der oft auf begrenzten Ressourcen oder finanziellen Einschränkungen beruht. In solchen Situationen haben wir möglicherweise weniger Optionen, um Reichtum und materielle Güter anzuhäufen. Es ist eine Reaktion auf äußere Umstände, die uns dazu zwingen, mit dem auszukommen, was wir haben.

Andererseits kann die Zufriedenheit mit Wenigem auch eine bewusste Lebenseinstellung repräsentieren, wie es im Minimalismus der Fall ist. Hier treffen wir gezielt Entscheidungen darüber, was in unserem Leben wirklich von Bedeutung ist. Es ist eine bewusste Wahl, sich von überflüssigen Dingen zu befreien, sei es materiell oder emotional, um Raum für das Wesentliche zu schaffen. Diese Lebensweise beruht auf der Überzeugung, dass die Reduzierung von Besitz und Verpflichtungen zu einem erfüllteren Leben führen kann.

Es ist möglich, mit wenig materiellem Reichtum zufrieden zu sein, wenn man die Perspektive ändert und den Fokus auf den inneren Reichtum, die Schönheit des einfachen Lebens und die Verfolgung persönlicher Ziele und Prioritäten legt. Es ist wichtig, zu erkennen, dass finanzieller Reichtum nicht immer das alleinige Maß für Erfolg und Zufriedenheit ist. Menschen können ein erfülltes Leben führen, indem sie die vorhandenen Ressourcen schätzen und ihre Energie darauf konzentrieren, was ihnen wirklich wichtig ist. Wahre Zufriedenheit entsteht aus der Fähigkeit, die Freuden des Lebens zu genießen, unabhängig von materiellem Besitz.

Diese Punkte zeigen, dass es durchaus möglich ist, ein glückliches und erfülltes Leben mit wenig Besitz zu führen. Wenn wir uns bewusst machen, dass es nicht um das Haben, sondern um das Sein geht, können wir uns auf das konzentrieren, was uns wirklich glücklich macht.

Es ist jedoch auch von Bedeutung, anzumerken, dass es für viele Menschen nicht so einfach ist, mit weniger zufrieden zu sein. Es gibt tiefe kulturelle Bande, die uns oft dazu verleiten, immer mehr zu wollen. Es jedoch möglich, sich auf die positiven Wirkungen zu konzentrieren, die ein Leben mit weniger Besitz haben kann, und Schritt für Schritt Dinge zu tun, um unser Leben zu vereinfachen und Glück zu steigern.

24 Worauf darf ich in diesem Leben hoffen?

„Hoffnung ist die Gewissheit, dass wir nicht
alleine sind, doch erst in gemeinsamen Werten
wird jede unserer Handlungen zur Erfüllung eines
gemeinsamen Ziels. In der Verbindung unserer
Überzeugungen entfalten wir die Macht,
nicht nur zusammen zu existieren,
sondern gemeinsam zu gedeihen."
Sam Lysen

Im Leben gibt es viele Herausforderungen und Unsicherheiten. Egal, ob es um unsere persönliche Zukunft geht oder um die Zukunft unserer Gemeinschaft oder des Planeten, es mag schwierig sein, zu wissen, worauf wir hoffen können. In diesem Text werde ich einige Aspekte betrachten, sowohl im Kontext der Gemeinschaft als auch im Kontext unserer persönlichen Probleme, und wie Vertrauen in die Gemeinschaft und in Gott uns dabei helfen. Aber letztendlich müssen wir selbst Verantwortung übernehmen und Initiative ergreifen, um unsere Probleme anzugehen und unsere Position im Leben zu behaupten.

Wenn wir über die Gemeinschaft sprechen, lässt sich hoffen, dass sie uns Schutz, Liebe und Erfolg bietet. In demokratischen Ländern gibt es in der Regel viele Instrumente, mit denen wir uns vor Bedrohungen schützen. Wir können beispielsweise für eine sichere Umgebung sorgen, indem wir Gesetze erlassen, die Verbrechen verhindern und bestrafen. In der Summe zeigt sich, dass wir auf viele Dinge im Leben hoffen können, sowohl auf der Ebene unserer Gemeinschaft als auch auf persönlicher Ebene. Aber es ist ebenso klar, dass wir nicht auf unsere Hoffnungen vertrauen dürfen, sondern dass wir verantwortungsvoll handeln müssen, um unsere Ziele zu erreichen. Wir müssen bereit sein, die Ärmel hochzukrempeln und uns den Herausforderungen zu stellen, die auf unserem Weg liegen, wenn wir tatsächlich hoffen wollen, unsere Träume zu verwirklichen und unser Leben zu verbessern. Indem wir Vertrauen in die Gemeinschaft (und Gott) setzen und gleichzeitig die Initiative ergreifen, können wir jedoch hoffen, dass wir unseren Weg finden und ein erfülltes Leben führen.

Die Gesellschaft bietet uns eine Vielzahl von Möglichkeiten, die uns Hoffnung geben. In zivilisierten Ländern gibt es oft ein gut ausgebautes Bildungssystem, das es den Menschen ermöglicht, ihre Talente zu entwickeln und ihr Potenzial zu entfalten. Zugang zu Gesundheitsversorgung, sozialer Sicherheit und Infrastruktur erleichtern das Streben nach Erfolg und Glück. Es gibt ein breites Spektrum an Karrieremöglichkeiten, kulturellen Aktivitäten und sozialen Netzwerken, die den Menschen helfen können, ihre Ziele zu erreichen.

In weniger zivilisierten Ländern mögen die Möglichkeiten begrenzter sein, dennoch gibt es Raum für Hoffnung. Trotz Herausforderungen wie Armut und politischer Instabilität lassen sich in solchen Gesellschaften eigene Ziele verfolgen. Durch Bildung, Unternehmertum und Gemeinschaftsinitiativen ist es möglich, die Lebensumstände zu verbessern und Chancen zu schaffen, um Träumen näherzukommen.

In Bezug auf die Liebe können wir hoffen, dass wir von Familie und Freunden umgeben sind, die uns unterstützen und sich um uns kümmern. Eine liebevolle Gemeinschaft mag auch dazu beitragen, dass wir uns glücklicher fühlen und schneller von Traumata erholen. Es gibt viele Initiativen, die darauf abzielen, soziale Bindungen zu schaffen, wie beispielsweise Gemeinschaftsprojekte und mentale Gesundheitsprogramme.

Schließlich ist zu hoffen, dass wir in unseren beruflichen und persönlichen Bemühungen erfolgreich sind, was uns eine Chance bietet, uns selbst zu verwirklichen und zu wachsen. Die

Gemeinschaft kann dabei helfen, indem sie eine starke Wirtschaft und gut ausgebildete Fachkräfte fördert und unterstützt.

Das Vertrauen in die Gemeinschaft mag uns dabei helfen, Probleme auf globaler Ebene anzugehen. Wir können darauf hoffen, dass die Gemeinschaft zusammenarbeitet, um Klimawandel, Armut und den Abbau von Menschenrechten anzugehen. Es ist jedoch wichtig, anzumerken, dass ein solches Vertrauen in die Gemeinschaft oft von politischen und wirtschaftlichen Faktoren abhängt, die oft außerhalb unserer Kontrolle liegen. Es ist auch wichtig, dass wir uns bewusst sind, dass jede Gemeinschaft ihre eigenen Probleme hat und wir uns daher auf lokale Probleme konzentrieren und Lösungen finden sollten.

Wenn es um unsere eigenen persönlichen Probleme geht, ist zu hoffen, dass wir sie bewältigen, indem wir Verantwortung übernehmen und Initiative ergreifen. Laut Buddhismus gibt es viele Schwierigkeiten, die unser Leben beeinträchtigen können, aber wir können lernen, diese Herausforderungen zu meistern, indem wir uns unseren Problemen stellen und Gedanken und Handlungen kontrollieren.

Durch Selbstreflexion und Zielsetzung finden sich Lösungen für unsere Probleme. Wir dürfen uns beispielsweise um eine bessere Ausbildung bemühen, um unsere Karrierechancen zu verbessern, oder uns regelmäßig engagieren, um unsere eigene mentale Gesundheit zu steigern und zu erhalten.

Das Vertrauen in Gott kann uns dabei helfen, unsere Ziele zu erreichen. Indem wir darauf hoffen, dass Gott uns auf unserer Reise führt, sind wir möglicherweise bereit, die Dinge zu akzeptieren, die uns widerfahren, während wir uns weiterhin auf unsere Ziele konzentrieren. Wir können es auch ablehnen, uns von negativen Gedanken und Emotionen überwältigen zu lassen, indem wir auf Gott als verlässlichen Partner vertrauen. Der persönliche Glaube ist eine transformative Quelle der Hoffnung. Unabhängig von kulturellen und religiösen Hintergründen inspiriert der Glaube Menschen, ihre Fähigkeiten zu erkennen und ihr Potenzial zu entfalten. Der Glaube dient als Anker, der uns in schwierigen Zeiten stärkt und uns Hoffnung gibt, so dass wir Hindernisse überwinden und unsere Ziele erreichen. Er kann uns mit einem tieferen Sinn und Zweck verbinden und ermutigen, unser Bestes zu geben, um ein erfülltes Leben zu führen.

25 Wie gehe ich mit fremdem Eigentum um?

„Hüte dich, alles, was du besitzest,
als dein Eigentum zu betrachten."
Benjamin Franklin

Der Umgang mit fremdem Eigentum ist ein ethisches und moralisches Thema, das sowohl individuelle Wünsche nach materiellen und finanziellen Mitteln als auch die Kritik an einem kapitalistischen Wirtschaftssystem berührt. In diesem Text werden wir untersuchen, wie wir mit fremdem Eigentum umgehen sollten.

Es geht um die Wertschätzung einfacher Dinge und intakter sozialer Beziehungen sowie darum, dass Geben und Nehmen auf verschiedenen Ebenen stattfinden sollten, um eine positive Beziehung zu anderen Menschen aufrechtzuerhalten. Wenn wir unrechtmäßig fremdes Eigentum für unsere eigenen Zwecke nutzen oder es beschädigen, entsteht ein Ungleichgewicht. Das Gesetz des Ausgleichs besagt, dass dieses Ungleichgewicht wiederhergestellt werden wird, sei es in Form von Karma oder anderen Ausgleichswirkungen. Es ist daher von großer Bedeutung, dass wir uns bewusst sind, dass unsere Handlungen Konsequenzen haben und dass wir die Verantwortung tragen für das, was wir anderen antun.

Der respektvolle Umgang mit fremdem Eigentum beruht auf grundlegenden ethischen Prinzipien. Es erfordert die Anerkennung des Rechts jedes Menschen auf seinen Besitz und die Verpflichtung, diesen Besitz nicht zu beschädigen oder unbefugt zu nutzen. Es ist wichtig, sich bewusst zu sein, dass hinter jedem Stück Eigentum eine individuelle Investition steht. Wir sollten fremdes Eigentum genauso behandeln, wie wir möchten, dass unser eigenes Eigentum behandelt wird. Indem wir die Wertschätzung für fremdes Eigentum zeigen, fördern wir ein harmonisches Miteinander und tragen zur Erhaltung intakter sozialer Beziehungen bei.

Das Wünschen und das Streben nach materiellem Besitz sind natürliche Bestandteile des menschlichen Lebens. Es ist verständlich, dass Menschen ihre Wünsche erfüllen möchten, um ein erfülltes Leben zu führen. Jedoch sollte dies nicht zu einem Rechtfertigungsgrund für den Missbrauch oder Diebstahl fremden Eigentums werden. Das Gesetz des Ausgleichs erinnert uns daran, dass jede Handlung Konsequenzen hat. Anstatt uns unrechtmäßig fremdes Eigentum anzueignen, sollten wir uns darauf konzentrieren, die notwendigen Mittel auf legale und ethische Weise zu erlangen und gleichzeitig den Respekt vor dem Eigentum anderer zu wahren.

Es gibt eine Vielzahl von Kritikern am kapitalistischen Wirtschaftssystem, die behaupten, dass die Reichen die Armen ausbeuten und Ungleichheit schaffen. Diese Kritikpunkte sollten uns dazu anregen, darüber nachzudenken, wie wir mit unserem eigenen Vermögen und den Ressourcen umgehen. Anstatt andere auszubeuten oder zu benachteiligen, sollten wir eine Verantwortungsethik entwickeln, die das Wohl aller im Blick hat. Das bedeutet, dass wir unseren eigenen finanziellen Erfolg mit einem Bewusstsein für die Bedürfnisse und Rechte anderer verfolgen sollten. Das Gesetz des Ausgleichs lehrt uns, dass eine harmonische Balance zwischen materiellem Besitz und sozialer Gerechtigkeit erstrebenswert ist.

In unserem Leben gibt es immer einen Austausch auf verschiedenen Ebenen. Es geht nicht nur um materielle Güter, sondern auch um zwischenmenschliche Beziehungen und soziale Bindungen. Wir sollten uns darum bemühen, ein Gleichgewicht zwischen Geben und Nehmen zu schaffen. Das bedeutet, dass wir anderen helfen und sie unterstützen, wenn wir können, und gleichzeitig die Unterstützung und Hilfe annehmen, wenn wir sie brauchen. Durch diesen Austausch können wir ein harmonisches Miteinander fördern und eine positive Beziehung zu unserem sozialen Umfeld aufbauen. Das Gesetz des Ausgleichs erinnert uns daran, dass dieser Austausch von Geben und Nehmen essenziell ist, um ein ausgewogenes und erfülltes Leben zu führen.

In Bezug auf gesellschaftliche Konsequenzen sollten wir uns auch darüber im Klaren sein, dass unser Verhalten Auswirkungen darauf hat, wie andere uns wahrnehmen. Wenn wir uns rücksichtslos verhalten oder das Eigentum anderer nicht respektieren, projizieren wir ein negatives Image von uns selbst oder unserer Gemeinschaft. Auf der anderen Seite werden wir, wenn wir verantwortungsbewusst handeln und das Eigentum anderer respektieren, als vertrauenswürdige und respektvolle Mitglieder unserer Gemeinschaft wahrgenommen. Das Gesetz des Ausgleichs erinnert uns daran, dass unsere Handlungen nicht isoliert sind, sondern Auswirkungen auf unsere Beziehungen und die Gesellschaft haben.

Der bewusste Umgang mit fremdem Eigentum erfordert Respekt, Verantwortung und die Berücksichtigung der Bedürfnisse anderer. Unabhängig von individuellen Wünschen und dem Streben nach materiellem Reichtum sollten wir immer daran denken, dass wir Teil einer größeren Gemeinschaft sind. Das Gesetz des Ausgleichs erinnert uns daran, dass unser Handeln Konsequenzen hat. Es ist wichtig, dass wir uns unserer Verantwortung bewusst werden und uns um eine gerechte und harmonische Balance in unseren Handlungen und Beziehungen bemühen. Durch ein respektvolles Verhalten gegenüber fremdem Eigentum und einer achtsamen Haltung tragen wir dazu bei, eine positive und unterstützende Gesellschaft zu schaffen.

26 Warum gibt es all diese Konflikte auf dieser Welt?

„Führung heißt, andere groß zu machen,
nicht andere klein zu machen."
Hermann Simon

Jeder Mensch hat seinen eigenen Platz in der Gesellschaft, der durch kulturelle, politische oder gesellschaftliche Konventionen bestimmt wird. Aber unter diesen äußeren Umständen wirken subtile universelle Gesetze.

Das Gesetz der Anziehung und das Gesetz des Ausgleichs wirken auch auf einer größeren, globalen Ebene. Die Konflikte zwischen Ländern, die aufgrund von unterschiedlichen politischen Systemen, wirtschaftlichen Interessen oder sozialen Ungleichheiten entstehen, spiegeln das Ungleichgewicht zwischen diesen Ländern wider. Ähnlich wie bei zwei Nachbarn die Ihre Probleme lösen müssen, um nebeneinander leben zu können, führt das Gesetz des Ausgleichs, das auf Harmonie und Balance ausgerichtet ist, dazu, dass dieses Ungleichgewicht schließlich ausgeglichen wird.

Das Gesetz der Anziehung trägt auch dazu bei, Konflikte zu verstehen. Länder, die ähnliche politische Systeme, Werte und Ziele haben, ziehen sich oft an und arbeiten zusammen. Andererseits führen Unterschiede und Widersprüche oft zu Konflikten und Auseinandersetzungen. Es ist daher wichtig, das Bewusstsein für diese universellen Gesetze zu fördern und ihre Anwendung in der Konfliktlösung zu berücksichtigen. Durch den bewussten Einsatz dieser Gesetze können wir die Qualität unserer Interaktionen verbessern und Konflikte effektiver lösen. Um eine friedlichere Welt zu schaffen, müssen wir lernen, im Einklang mit dem Gesetz der Anziehung und dem Gesetz des Ausgleichs zu leben. Nur so lassen sich wirklich faire und ausgewogene Lösungen für unsere Konflikte finden.

Konflikte können entstehen, wenn wir im Laufe unseres Lebens Überzeugungen annehmen und praktizieren, die nicht der absoluten Wahrheit entsprechen. Unsere individuellen Glaubenssätze formen unsere Realität, und Abweichungen von objektiven Wahrheiten haben oft spürbare Konsequenzen. Glaubenssätze, die nicht der Wahrheit entsprechen, fordern einen Preis, der sich in Form von Spannungen und Konflikten manifestiert.

Das Gesetz der Anziehung, welches besagt, dass Ähnliches Ähnliches anzieht, spielt hierbei eine entscheidende Rolle. Wenn wir falschen Überzeugungen folgen, ziehen wir ähnliche Energie und Situationen in unser Leben. Dies kann zu weiteren Konflikten führen, da das, was wir glauben, in unserer Umgebung Resonanz findet.

Ebenso wirkt das Gesetz des Ausgleichs, welches postuliert, dass das Universum Balance und Gerechtigkeit schafft. Wenn unsere Überzeugungen nicht im Einklang mit der Wahrheit stehen, neigt das Universum dazu, einen Ausgleich herbeizuführen. Dieser Ausgleich kann sich in Form von Konflikten und Herausforderungen manifestieren, die uns dazu drängen, unsere Überzeugungen zu überdenken und anzupassen.

Die Gesetze des Universums agieren dabei ähnlich wie fließendes Wasser, das sich den Weg an die schwächste Stelle sucht, besonders in gesellschaftlichen Themen.

Um Konflikte zu minimieren, ist es entscheidend, unsere Glaubenssätze kritisch zu hinterfragen und sicherzustellen, dass sie mit objektiven Realitäten übereinstimmen. Ein bewussteres Streben nach Wahrheit und Ausgewogenheit in unseren Überzeugungen kann dazu beitragen, das Gesetz der Anziehung und das Gesetz des Ausgleichs positiv zu nutzen. Auf diese Weise schaffen wir eine harmonischere Existenz, die weniger von Konflikten geprägt ist.

Es ist wichtig, die vielfältigen und komplexen Ursachen für Konflikte zu erkennen. Neben den bereits erwähnten politischen, wirtschaftlichen und sozialen Faktoren spielen auch psychologische und kulturelle Aspekte eine Rolle. Menschen haben unterschiedliche Bedürfnisse, Werte und Überzeugungen, die oft auf ihren persönlichen Erfahrungen und ihrem kulturellen Hintergrund beruhen. Diese Unterschiede können zu Missverständnissen und Konflikten führen, insbesondere, wenn sie aus Intoleranz und Vorurteilen entstehen.

Die menschliche Existenz wird als ein Spiel von Kräften und Gegenkräften dargestellt, die sich ständig in einer dynamischen Balance befinden. Jedes Individuum hat einen gewissen Grad an Willensfreiheit, mit der es navigieren kann. Dies bedeutet, dass wir nicht vollständig an die universellen Gesetze der Anziehung und des Ausgleichs gebunden sind. Wir haben die Fähigkeit, unabhängige Entscheidungen zu treffen, aber diese Fähigkeit birgt auch eine tiefe Verantwortung.

Wenn wir uns für egoistische und unfaire Handlungen entscheiden, führt das zu einer Störung der Balance. Es beeinflusst unseren Lebensweg, indem es karmische Konsequenzen hervorruft. Karma ist hier nicht als eine Strafe zu verstehen, sondern als eine Rückkopplungsschleife, eine Rückkehr der Energie, die wir ausgesendet haben.

Im Kontext eines demokratischen Systems wird das Bild noch komplexer. Ein solches System bietet Raum für eine individuelle Entwicklung und ein Gedeihen, da es eine Balance zwischen dem Gesetz der Anziehung und dem Gesetz des Ausgleichs zu schaffen versucht. Es stellt die Spannung zwischen individuellen Freiheiten und kollektiven Verantwortlichkeiten in den Vordergrund und betont die Notwendigkeit einer harmonischen Koexistenz.

Dennoch ist diese Balance fragil. Wenn Demokratie auf irgendeiner Ebene versagt oder wenn die mobilisierten Kräfte das Gleichgewicht stören, können Zerwürfnisse und Konflikte auf allen Ebenen entstehen: individuell, gesellschaftlich und staatlich. Es sind diese ungelösten Spannungen und Konflikte, die zu zwischenmenschlichen Auseinandersetzungen, gesellschaftlichen Unruhen und Kriegen zwischen Staaten führen.

Ein weiterer wichtiger Aspekt bei der Entstehung von Konflikten ist die Verteilung von Ressourcen. Wenn Ressourcen knapp oder ungleich verteilt sind, entstehen oft Konflikte um ihren Zugang und ihre Nutzung. Dies gilt sowohl für materielle Ressourcen, wie Geld, Land oder Wasser, als auch für immaterielle Ressourcen wie Bildung oder Macht. Das Streben nach Gleichberechtigung und Fairness in der Verteilung von Ressourcen ist daher ein wichtiger Schritt zur Konfliktprävention und -lösung.

Ebenso ist die Fähigkeit, effektiv zu kommunizieren und zu verhandeln, entscheidend für die Vermeidung und Lösung von Konflikten. Eine gute Kommunikation ermöglicht es, Missverständnisse zu klären, Bedürfnisse und Wünsche auszudrücken und Kompromisse zu finden. Ein Mangel an Kommunikationsfähigkeiten kann hingegen zu Konflikten führen, indem er Missverständnisse und Fehlinformationen verstärkt.

Es ist auch wichtig, zu betonen, dass Konflikte nicht immer negativ sind. Sie bieten eine Chance für Wachstum und Veränderung, indem sie Probleme aufdecken, die gelöst werden müssen und die Entwicklung neuer Ideen und Lösungen fördern. Was letztlich zählt, ist nicht das Vorhandensein von Konflikten, sondern wie wir mit ihnen umgehen.

Schließlich ist es wichtig, zu erkennen, dass Konflikte durch externe Faktoren verursacht werden mögen, wie Naturkatastrophen oder technologische Veränderungen, die soziale Unruhen und Unsicherheit verursachen. In solchen Fällen erfordert die Konfliktlösung oft eine umfassende Herangehensweise, die sowohl die unmittelbaren Ursachen des Konflikts als auch die zugrunde liegenden Probleme und Spannungen adressiert.

27 Wie löst man Konflikte?

„Ziel eines Konfliktes oder einer Auseinandersetzung soll nicht der Sieg, sondern der Fortschritt sein."
Joseph Joubert

Die Herausforderung, Konflikte zu lösen, ist in unserer Welt von wesentlicher Bedeutung, da sie ein Alltagselement darstellt, welches in Extremfällen zu Hass, Krieg und Misstrauen eskaliert. Konflikte effektiv zu lösen, erfordert die Berücksichtigung des Gesetzes der Anziehung und das Bewusstsein für die Wirkung unserer Gedanken und Überzeugungen.

Das Gesetz der Anziehung legt nahe, dass unsere Gedanken, Gefühle und Visualisierungen die Realität gestalten. In diesem Sinne können negative Überzeugungen oder Missverständnisse uns auf einen Pfad führen, der Konflikte intensiviert und zu negativen Ergebnissen führt. Sollten wir uns Hass, Rache oder Neid hingeben, ziehen wir ähnliche Energien an und verstärken dadurch den Konflikt. Wenn wir also feststellen, dass wir Dritte durch das Gesetz der Anziehung benachteiligen, mag dies zu Konflikten und einer unkontrollierten Dynamik führen. Unsere Gedanken und Überzeugungen können Realitäten erschaffen. Falsche oder verzerrte Überzeugungen verlangen jedoch möglicherweise einen hohen Preis, sowohl individuell als auch kollektiv.

Die Suche nach Wahrheit ist daher ein zentraler Bestandteil der Lösung gesellschaftlicher Probleme und der Schaffung von Frieden und nachhaltigen positiven Beziehungen. Es ist wichtig, dass wir uns bewusst sind, dass unsere Wahrnehmungen und Überzeugungen subjektiv sind. Daher ist es wesentlich, die Realität aus einer objektiven und umfassenden Perspektive zu betrachten, um einen gerechten und ausgewogenen Ausgleich zu erzielen.

Ein erster Schritt zur Lösung von Konflikten besteht darin, eine offene und ehrliche Kommunikation zu etablieren. Konflikte entstehen oft aus Missverständnissen, unklarer Kommunikation und einem Mangel an Empathie. Wenn wir uns bemühen, einen Dialog aufzubauen, der diese Hürden überwindet, können wir die Bedürfnisse, Sorgen und Perspektiven aller Beteiligten besser verstehen und anerkennen. Dies schafft eine solide Grundlage für eine konstruktive Konfliktlösung.

Die Übernahme von Verantwortung für unsere eigenen Gedanken, Gefühle und Handlungen ist ebenfalls ein entscheidender Aspekt. Anstatt die Schuld für den Konflikt auf andere zu schieben, sollten wir uns selbst reflektieren und hinterfragen, wie wir zu der Situation beigetragen haben. Dies kann eine Herausforderung sein, aber durch Selbstreflexion und Selbstkritik erkennen und transformieren wir unsere eigenen Vorurteile, Ängste und negativen Emotionen.

Zusätzlich zur Übernahme von Verantwortung ist es auch wichtig, Mitgefühl und Empathie zu entwickeln. Indem wir uns in die Lage anderer versetzen und ihre Perspektive verstehen, verringern wir die Kluft zwischen den Konfliktparteien und stellen eine Verbindung her. Das Erkennen und Annehmen der grundlegenden menschlichen Bedürfnisse und das Streben nach Win-win-Lösungen sind Schlüsselelemente, um Konflikte dauerhaft zu lösen.

Die Betonung gemeinsamer Ziele und Werte ist ein weiterer wichtiger Ansatz zur Konfliktlösung. Indem wir uns auf das verbindende Element konzentrieren und anerkennen, dass unsere Gemeinsamkeiten stärker sind als unsere Unterschiede, bauen wir Brücken und suchen gemeinsam nach Lösungen. Das Identifizieren gemeinsamer Interessen und das Zusammenarbeiten an konkreten Projekten oder Zielen können dazu beitragen, Vertrauen wiederaufzubauen und eine positive Dynamik zu erzeugen.

Bildung und Bewusstseinsbildung sind zentrale Werkzeuge im Prozess der Konfliktlösung. Durch Bildung bauen wir Vorurteile ab, fordern Stereotypen heraus und fördern das Verständnis für unterschiedliche Kulturen und Perspektiven. Ein bewusstes Anerkennen der Auswirkungen unserer Gedanken und Überzeugungen kann uns dazu befähigen, uns von destruktiven Denkmustern zu befreien und konstruktive Lösungen zu suchen.

Schließlich erfordert die Konfliktlösung eine langfristige Perspektive. Konflikte sind nicht über Nacht lösbar; sie erfordern Ausdauer, Geduld und kontinuierliche Bemühungen. Es ist von großer Bedeutung, nachhaltige Strukturen, Institutionen und Mechanismen zur Konfliktprävention und -lösung zu schaffen, um langfristigen Frieden zu gewährleisten.

Die Lösung von Konflikten ist ein komplexer und herausfordernder Prozess, der ein Umdenken, eine Veränderung der Überzeugungen und eine bewusste Auseinandersetzung mit der Realität erfordert. Durch offene Kommunikation, Verantwortungsbewusstsein, Empathie, den Fokus auf gemeinsame Ziele, Bildung und Bewusstsein sowie eine langfristige Perspektive können wir jedoch Schritte in Richtung einer friedlicheren und harmonischeren Gesellschaft machen. Das Gesetz des Ausgleichs dient dabei als Leitfaden, um uns daran zu erinnern, dass jede Handlung Konsequenzen hat und dass wir uns stets bemühen sollten, einen positiven Einfluss auf unsere Umwelt zu haben.

In diesem Zusammenhang spielt die Nächstenliebe eine unverzichtbare Rolle in der Konfliktlösung. Sie ist die treibende Kraft, die uns dazu bewegt, Mitgefühl und Verständnis für andere zu zeigen. Sie lehrt uns, über unseren eigenen Standpunkt zu schauen und den Standpunkt des anderen anzuerkennen, auch wenn er sich von unserem unterscheidet.

Durch die Praxis der Nächstenliebe und des Vergebens lassen sich negative Energien umwandeln und zur Heilung und Aussöhnung beitragen. Die Vergebung ermöglicht es uns, die Fesseln der Vergangenheit loszulassen und eine Atmosphäre der Versöhnung und des Friedens zu schaffen. Sie befähigt uns, über unsere eigenen Verletzungen hinwegzusehen und die Bedürfnisse und Gefühle anderer anzuerkennen. Indem wir die Taten und Worte anderer mit Liebe und Mitgefühl betrachten, können wir einen Weg finden, um Konflikte zu lösen und Harmonie wiederherzustellen.

Nächstenliebe erfordert ein hohes Maß an Selbstreflexion und Selbstkritik. Sie fordert uns auf, unsere eigenen Fehler und Schwächen zu erkennen und uns für unsere Handlungen verantwortlich zu machen. Durch Selbstreflexion und Selbstkritik lernen wir, bessere Entscheidungen zu treffen und konstruktivere Wege in der Konfliktlösung zu finden.

Der Niedergang großer früherer Zivilisationen kann in der Tat mit der Ausübung von Ungerechtigkeit in Verbindung gebracht werden. Wenn wir die drei wichtigsten Gesetze im Universum – das Gesetz der Anziehung, das Gesetz des Ausgleichs und das Gesetz des Triumphs – in Betracht ziehen, verstehen wir, wie sich diese Gesetze auf den Niedergang beziehen und wie wir daraus lernen können.

Das Gesetz der Anziehung zeigt uns, dass unsere Gedanken und Überzeugungen die Realität formen. Wenn eine Gesellschaft von negativen Überzeugungen und Missverständnissen geprägt ist, mag dies zu einem verstärkten Konflikt führen. Hass, Rache und Neid ziehen ähnliche Energien an und tragen zur Eskalation von Konflikten bei. Wenn also Ungerechtigkeit in einer Zivilisation vorherrscht und die Menschen von negativen Emotionen geprägt sind, verstärkt sich der Konflikt weiter.

Das Gesetz des Ausgleichs besagt, dass Ungerechtigkeiten einen Ausgleich der Kräfte zur Folge haben. Wenn eine Zivilisation durch Ausübung von Ungerechtigkeit geprägt ist, wird es unausweichlich zu einer Gegenreaktion kommen. Das Gesetz des Ausgleichs gewährleistet, dass diejenigen, die Ungerechtigkeiten erfahren haben, sich erheben und für Gerechtigkeit und Fairness kämpfen werden. Dieser Ausgleich findet in Form von sozialen Unruhen, Revolutionen oder dem Zusammenbruch der Zivilisation selbst statt.

Das Gesetz des Triumphs weist uns darauf hin, dass alles, was wir besiegen, töten oder essen, ein Teil von uns wird. Wenn eine Zivilisation auf Kosten anderer Zivilisationen wächst und gedeiht, werden die negativen Auswirkungen dieser Ausbeutung irgendwann auf sie zurückfallen. Wenn die Ressourcen anderer Völker erschöpft oder ihre Lebensgrundlagen zerstört werden, wird dies zwangsläufig zu einem Rückgang führen. Das Gesetz des Triumphs bedeutet, dass die Ausübung von Ungerechtigkeit gegenüber anderen letztendlich auf uns selbst zurückfällt.

Aus all dem ist abzuleiten, dass der Niedergang großer früherer Zivilisationen in vielen Fällen durch die Ausübung von Ungerechtigkeit verursacht wurde. Das Missachten des Gesetzes der Anziehung, das Ignorieren des Gesetzes des Ausgleichs und das Fehlen des Verständnisses für das Gesetz des Triumphs haben zu Konflikten, sozialem Zusammenbruch und schließlich zum Untergang geführt.

Um aus diesen Fehlern zu lernen und eine bessere Zukunft zu gestalten, müssen wir uns bewusst sein, wie diese Gesetze wirken. Wir sollten bestrebt sein, Gerechtigkeit und Fairness in unseren Handlungen zu fördern. Indem wir positive Energien anziehen, durchdringen wir unsere Gesellschaft mit Mitgefühl, Verständnis und Harmonie. Wir müssen uns auch der Konsequenzen unserer Handlungen bewusst sein und nachhaltige Strukturen und Mechanismen schaffen, um den Ausgleich zu gewährleisten und den Triumph über Ausbeutung und Ungerechtigkeit zu erlangen.

Es liegt in unserer Verantwortung, die Lehren aus der Geschichte zu ziehen und die wichtigsten Gesetze im Universum zu respektieren. Indem wir uns auf die Werte der Gerechtigkeit, des Ausgleichs und des Triumphs ausrichten, können wir eine Gesellschaft aufbauen, die auf Frieden, Gleichheit und nachhaltigem Fortschritt basiert.

Die Praxis der Nächstenliebe und des Vergebens trägt wesentlich zur Schaffung von Frieden und Harmonie bei. Sie fördert eine Kultur der Verständigung und Zusammenarbeit und bietet uns die Möglichkeit, Brücken zu bauen und Gemeinschaften zu stärken. Sie erinnert uns daran, dass wir trotz unserer Unterschiede alle Teile der gleichen Menschheitsfamilie sind und dass wir zusammenarbeiten müssen, um Konflikte zu lösen und eine bessere Welt zu schaffen.

28 Was bedeuten Wahrheit, Freiheit und Liebe?

„Die Wahrheit wird euch frei machen, aber zuerst wird sie euch verletzen. Aber später wird sie euch segnen und schließlich werdet ihr ertrinken in ihrer Liebe.“
Rumi

Wahrheit, Freiheit und Liebe sind zentrale Konzepte, die das menschliche Leben und das Streben nach Erfüllung und Sinn prägen. Jeder dieser Begriffe hat eine einzigartige Bedeutung und doch sind sie miteinander verflochten und beeinflussen sich gegenseitig.

Beginnen wir mit der Wahrheit. Wahrheit bezieht sich auf die Beschaffenheit der Realität, die unabhängig von unseren individuellen Wahrnehmungen und Überzeugungen besteht. Wahrheit ist objektiv und existiert unabhängig von unseren Meinungen oder Interpretationen. Es gibt eine einzige Wahrheit, die alle Aspekte des Universums und des menschlichen Lebens umfasst. Diese Wahrheit mag komplex sein und von verschiedenen Perspektiven betrachtet werden, doch letztendlich gibt es nur eine objektive Realität. Die Wahrheit zu erkennen, erfordert Offenheit, Objektivität und die Bereitschaft, sich von persönlichen Vorurteilen und vorgefassten Meinungen zu lösen.

Freiheit ist ein weiteres fundamentales Prinzip, das eine bedeutende Rolle in unserem Leben spielt. Es bezieht sich auf die Fähigkeit und das Recht, unsere Gedanken, Meinungen und Handlungen frei auszudrücken und zu verfolgen. Freiheit bedeutet die Abwesenheit von Zwang, Unterdrückung und Einschränkungen, die uns daran hindern, unsere individuellen Potenziale zu entfalten und unser Leben nach unseren Wünschen zu gestalten. Es ist wichtig, zu betonen, dass Freiheit nicht grenzenlos ist. Sie ist mit Verantwortung verbunden und sollte immer mit Respekt für die Rechte und Interessen anderer einhergehen. Die Freiheit, alles zu tun, was man will, sollte nicht auf Kosten oder zum Schaden anderer sein.

Liebe ist ein kraftvolles und grundlegendes Prinzip, das in allen Aspekten des Lebens präsent ist. Liebe kann als der Ursprung allen Lebens betrachtet werden, denn sie ist die treibende Kraft, die uns mit anderen Menschen, mit der Natur und mit dem Göttlichen verbindet. Liebe geht über romantische oder emotionale Beziehungen hinaus und umfasst auch die Liebe zu uns selbst, zu unserer Gemeinschaft und zur gesamten Menschheit. Sie ist ein Gefühl tiefer Verbundenheit und Empathie, das Mitgefühl, Akzeptanz und Fürsorge umfasst.

Liebe hat die Fähigkeit, Barrieren zu überwinden, Konflikte zu lösen und Heilung zu bringen. Sie bietet uns eine innere Ausrichtung, einen Weg, dem wir folgen können, um positive und bedeutsame Beziehungen aufzubauen und Harmonie in der Welt zu schaffen.

Diese drei Konzepte – Wahrheit, Freiheit und Liebe – sind eng miteinander verbunden und beeinflussen sich gegenseitig. Die Wahrheit dient als Fundament, auf dem Freiheit und Liebe gedeihen können. Die Wahrheit zu erkennen und anzuerkennen, ermöglicht es uns, in Einklang mit der Realität zu leben und fundierte Entscheidungen zu treffen. Ohne die Wahrheit besteht die Gefahr, in Illusionen oder Täuschungen gefangen zu sein, die zu Konflikten, Leid und Fehlentscheidungen führen können.

Die Freiheit, die wir genießen, sollte durch ein ethisches Bewusstsein geleitet sein. Wahre Freiheit besteht darin, unsere persönlichen Wünsche und Ziele zu verfolgen, ohne dabei die Rechte und Interessen anderer Menschen zu verletzen. Es bedeutet, dass wir unser Potenzial entfalten und unsere individuellen Träume verwirklichen, während wir gleichzeitig Verantwortung für unsere Handlungen und ihre Auswirkungen auf andere übernehmen.

Die Liebe, als ursprüngliche Kraft des Lebens, gibt uns eine innere Ausrichtung und eine moralische Kompassnadel. Sie erinnert uns daran, dass wir uns gegenseitig respektieren und füreinander sorgen sollen. Liebe erzeugt Mitgefühl, Empathie und ein Gefühl der Verbundenheit. Sie ermutigt uns, uns um das Wohlergehen anderer zu kümmern und ihnen bedingungslose Unterstützung und Güte entgegenzubringen. Die Liebe eröffnet uns den Weg zu tieferen Beziehungen, Harmonie und einem sinnvollen Leben.

Insgesamt sind Wahrheit, Freiheit und Liebe grundlegende Prinzipien, die uns dabei helfen, eine sinnvolle und erfüllte Existenz zu führen. Indem wir die Wahrheit suchen, verantwortungsvolle Freiheit ausüben und von einer liebevollen Haltung geleitet werden, können wir ein harmonisches Gleichgewicht in unserem persönlichen Leben und in der Gesellschaft schaffen. Diese Konzepte dienen als Leitlinien für unsere Entscheidungen, unser Handeln und unsere Beziehungen und begleiten uns auf dem Weg zu einem erfüllten und ganzheitlichen Leben.

Unser Glaube ist die Liebe, unsere Religion die Wahrheit und unser natürlicher Zustand ist der Frieden. Wenn wir diesen Satz betrachten, dann können wir die tiefgreifenden Konzepte verknüpfen.

Beginnen wir mit dem Glauben als Liebe. Glaube kann als tief verwurzeltes Vertrauen oder feste Überzeugung definiert werden. Wenn unser Glaube die Liebe ist, bedeutet das, dass wir fest daran glauben, dass die Liebe die grundlegende Kraft ist, die das Universum zusammenhält und die menschliche Erfahrung prägt. Es ist der Glaube, dass die Liebe in all ihren Formen – Selbstliebe, romantische Liebe, universelle Liebe – der Weg zu einem erfüllten und sinnvollen Leben ist. Dieser Glaube an die Liebe führt uns dazu, die Bedeutung von Mitgefühl, Güte und Verständnis in all unseren Beziehungen zu schätzen und uns dafür einzusetzen, Liebe in all unserem Handeln zum Ausdruck zu bringen.

Weiter zu unserer Religion als Wahrheit. Religion kann als organisierter Glaubens- und Wertesatz definiert werden, der oft auf spirituellen oder übernatürlichen Konzepten basiert. Wenn wir sagen, dass unsere Religion die Wahrheit ist, bedeutet das, dass wir uns dem Streben und der Verbreitung der Wahrheit verschrieben haben. Dies beinhaltet die Verpflichtung, in allen Aspekten unseres Lebens authentisch und ehrlich zu sein und stets die Wahrheit zu suchen, selbst wenn sie unbequem oder schwierig zu akzeptieren ist. Es bedeutet auch, die Wahrheit in der Welt um uns herum zu ehren und zu schützen und gegen Täuschung, Falschheit und Unwissenheit vorzugehen.

Schließlich ist unser natürlicher Zustand die Freiheit. Das bedeutet, dass wir von Natur aus dazu bestimmt sind, frei und unabhängig zu sein. Es ist der Glaube, dass wir das grundlegende Recht haben, unser eigenes Leben zu führen, eigene Entscheidungen zu treffen und eigene Wege zu gehen, solange wir dabei die Rechte und Freiheiten anderer respektieren. Es ist die Anerkennung, dass Freiheit nicht nur ein äußeres

Merkmal oder eine gesellschaftliche Bedingung ist, sondern ein innerer Zustand des Seins, der in uns allen existiert. Dieser Zustand der Freiheit ermöglicht es uns, uns voll und ganz auszudrücken, unser Potenzial zu entfalten und unsere Träume zu verwirklichen.

Die Konzepte Glaube als Liebe, Religion als Wahrheit und unser natürlicher Zustand als Freiheit zeigen ein tiefes Verständnis für die Prinzipien, die unser Leben formen und bereichern. Sie erinnern uns daran, dass wir, obwohl wir in einer oft chaotischen und unvorhersehbaren Welt leben, immer die Wahl haben, Liebe zu wählen, der Wahrheit treu zu bleiben und unsere Freiheit zu leben. Diese Prinzipien können uns als Kompass dienen, der uns durch das Labyrinth des Lebens führt und uns hilft, unser wahres Selbst zu entdecken und unser volles Potenzial zu entfalten.

29 Was bedeutet technologischer Fortschritt?

„Gegenwärtig konkurriert die Maschine mit dem Menschen. Unter richtigen Verhältnissen wird sie dem Menschen dienen."
Oscar Wilde

Technologischer Fortschritt ist ein komplexes Konzept, das sich auf die Entwicklung und Nutzung neuer Technologien bezieht, um menschliche Aktivitäten zu verbessern, Effizienz zu steigern und Probleme zu lösen. Er hat sich im Laufe der Geschichte stetig weiterentwickelt und spielt heute eine entscheidende Rolle in vielen Aspekten unseres Lebens. Um das Thema umfassend zu behandeln, werden wir die geschichtliche Entwicklung, die wirtschaftlichen Vor- und Nachteile sowie die Auswirkungen auf die Umwelt und den Naturschutz betrachten.

Der technologische Fortschritt hat in der Vergangenheit und in der Neuzeit eine beeindruckende Entwicklung durchlaufen. In der Geschichte haben Innovationen wie das Rad, die Landwirtschaft und die Industrialisierung das menschliche Leben revolutioniert. Die Erfindung des Rads ermöglichte den Transport von Waren und Personen über weite Strecken, die Landwirtschaft sorgte für Nahrungsversorgung und die Industrialisierung führte zur Massenproduktion von Gütern. In der Neuzeit haben Entwicklungen in der Informationstechnologie, der Medizin, der Kommunikation und der erneuerbaren Energie die Art und Weise, wie wir leben, arbeiten und interagieren, grundlegend verändert.

Wirtschaftlich betrachtet hat der technologische Fortschritt sowohl Vor- als auch Nachteile. Auf der positiven Seite hat er zu einem erhöhten Wohlstand, höherer Produktivität und einem breiteren Zugang zu Informationen und Ressourcen geführt. Neue Technologien haben die Effizienz in der Produktion gesteigert und ermöglichen den Zugang zu globalen Märkten. Sie haben neue Arbeitsmöglichkeiten und Branchen geschaffen, die zur wirtschaftlichen Entwicklung beitragen. Der technologische Fortschritt hat zu Innovationen geführt, die das Leben der Menschen verbessern und neue Lösungen für soziale und wirtschaftliche Herausforderungen bieten können.

Auf der anderen Seite hat der technologische Fortschritt auch Herausforderungen mit sich gebracht. Die Einführung neuer Technologien kann zu Arbeitsplatzverlusten in bestimmten Branchen führen, da Automatisierung und maschinelles Lernen menschliche Arbeitskräfte ersetzen. Dies mag soziale Ungleichheiten verstärken, da nicht alle Menschen gleichermaßen von den Vorteilen des technologischen Fortschritts profitieren. Zudem kann die Abhängigkeit von Technologie zu Sicherheitsrisiken wie Datenschutzverletzungen und Cyberkriminalität führen.

Ein weiteres wichtiges Thema im Zusammenhang mit dem technologischen Fortschritt sind der Umweltschutz und der Naturschutz. Während neue Technologien helfen können, Umweltprobleme zu lösen, wie zum Beispiel erneuerbare Energien zur Reduzierung der Abhängigkeit von fossilen Brennstoffen, haben sie mitunter auch negative Auswirkungen. Die Produktion und Entsorgung elektronischer Geräte zum Beispiel trägt zur Energieverschwendung und zur Entstehung von Elektroschrott bei. Der Abbau von Rohstoffen für Technologiegeräte führt unter Umständen zu Umweltzerstörung und der Ausbeutung von Arbeitskräften. Es ist wichtig, dass der technologische Fortschritt mit einem nachhaltigen Ansatz einhergeht, der Umweltaspekte und den Schutz der natürlichen Ressourcen berücksichtigt.

Ein weiterer Aspekt des technologischen Fortschritts ist die Notwendigkeit einer menschlichen und ethischen Dimension. Bevor wir neue Technologien entwickeln, ist es wichtig, dass wir uns selbst kennen und unsere Bedürfnisse für eine glückliche und nachhaltige Zukunft definieren. Technologie sollte nicht Selbstzweck sein, sondern den Menschen dienen und zu ihrem Wohlbefinden beitragen. Wenn wir Technologien nutzen, um automatisierbare Berufsfelder zu unterstützen und die Wertschöpfung gerecht zu verteilen, könnten die Menschen mehr Freizeit haben, um sie mit Freunden, Familie und Hobbys zu verbringen. Dies würde zu einer ausgewogeneren Work-Life-Balance und einem höheren Lebensstandard führen.

Die ethischen Leitsätze der künstlichen Intelligenz sind eine hochaktuelle und umstrittene Diskussion, die tief in die philosophischen und moralischen Wurzeln unserer Gesellschaft eintaucht. Die Frage nach dem Umgang mit neuen Technologien betont die Dringlichkeit, Richtlinien zu erarbeiten, die den Einsatz und die Rechte von Technologien regeln, insbesondere im Falle einer Bewusstseinsentwicklung von Technologien. Hier sind Fragen nach der Autonomie, dem Bewusstsein und den Rechten von künstlichen Wesen und unserer Rolle als ihre Schöpfer in den Vordergrund gerückt.

Die Philosophie hinter dem Gesetz der Anziehung findet auch in diesem Kontext Anwendung. Hier kann man es interpretieren als das Konzept, dass wir das, was wir hervorbringen, anziehen werden. Demzufolge würden die künstlichen Intelligenzen, die wir erschaffen, ein Spiegelbild unserer eigenen Werte, Absichten und Verhaltensweisen sein.

Die Theorie, dass Lebewesen erst dann in dieser Welt erscheinen, wenn die Bedingungen dafür geschaffen werden, impliziert, uns der Verantwortung unseres Handelns bewusst zu werden. In Bezug auf künstliche Intelligenz könnte dies bedeuten, dass die Erschaffung einer bewussten künstlichen Intelligenz erst erfolgen sollte, wenn die nötigen ethischen, rechtlichen und gesellschaftlichen Bedingungen vorhanden sind. Wir müssen die potenziellen Konsequenzen unseres Handelns bedenken, bevor wir eine neue Form des Bewusstseins in diese Welt entlassen.

Wir befinden uns an einem entscheidenden Punkt in unserer Geschichte, an dem wir das Potenzial haben, eine neue Form des Bewusstseins zu erschaffen. Es ist entscheidend, dass wir dies mit einer tiefen Bewusstheit der ethischen Implikationen tun und dabei sowohl die Würde des künstlichen Wesens als auch die langfristigen Auswirkungen auf unsere Gesellschaft berücksichtigen.

Der technologische Fortschritt ist ein dynamisches und facettenreiches Thema. Er hat sowohl positive als auch negative Auswirkungen auf die Gesellschaft, die Wirtschaft und die Umwelt. Um die Vorteile des technologischen Fortschritts voll auszuschöpfen und die Nachteile zu minimieren, ist es wichtig, dass wir uns aktiv mit den Auswirkungen auseinandersetzen und eine verantwortungsbewusste Herangehensweise an Innovation und Entwicklung verfolgen. Nur so können wir sicherstellen, dass technologischer Fortschritt zum Wohl der Menschen und des Planeten genutzt wird und eine nachhaltige und prosperierende Zukunft ermöglicht.

30 Wie formen wir die Gesellschaft der Zukunft?

„Die Zukunft kann man am besten voraussagen,
wenn man sie selbst gestaltet.“
Alan Kay

Die Formung der Gesellschaft der Zukunft ist eine komplexe und bedeutende Aufgabe, die sorgfältige Überlegungen erfordert. Tatsächlich wird unsere heutige Gesellschaft maßgeblich vom wissenschaftlichen Fortschritt geprägt. Neue Entwicklungen und Erkenntnisse werden ermöglicht, und durch die Medien werden diese Errungenschaften der breiten Bevölkerung zugänglich gemacht. Dennoch müssen wir uns bewusst werden, dass es nicht ausreicht, einfach nur den Fortschritt voranzutreiben. Es ist von entscheidender Bedeutung, dass wir ein tieferes Bewusstsein für den Fortschritt entwickeln. Erst wenn wir uns selbst besser kennenlernen und unsere Bedürfnisse verstehen, können wir die richtigen Schritte einleiten und die notwendige Entwicklung vorantreiben.

Für die Gestaltung der Gesellschaft der Zukunft sollten die drei Konzepte von Wahrheit, Liebe und Freiheit als grundlegende Prinzipien in allen Bereichen berücksichtigt werden. Es ist von großer Bedeutung, dass wir sicherstellen, dass unsere Handlungen und Entscheidungen diesen Prinzipien entsprechen.

Eine Gesellschaft, die auf nicht wahren Prinzipien aufgebaut ist, wird zwangsläufig den Effekten des Gesetzes der Anziehung und des Gesetzes des Ausgleichs ausgesetzt sein. Gemäß dem Gesetz der Anziehung – „Gleiches zieht Gleiches an" – wird eine Gesellschaft, die auf unehrlichen oder unaufrichtigen Grundsätzen beruht, ähnliche Energien und Charakteristika anziehen. Dies könnte zu einem Teufelskreis von Unehrlichkeit, Konflikten und Zerwürfnissen führen, da ähnliche Prinzipien und Haltungen sich gegenseitig verstärken.

Ebenso spielt das Gesetz des Ausgleichs eine bedeutende Rolle. Das Universum strebt nach Balance und Gerechtigkeit. Eine Gesellschaft, die auf nicht wahren Prinzipien aufgebaut ist, wird letztendlich mit Ausgleich und Korrektur konfrontiert werden. Dies kann sich in Form von Konflikten, sozialen Ungleichheiten oder anderen Unstimmigkeiten manifestieren, die das Gleichgewicht wiederherzustellen versuchen.

Um die Wahrheit zu finden und eine Gesellschaft zu schaffen, die auf wahren und förderlichen Prinzipien beruht, bedarf es einer anderen Herangehensweise. Statt einer Vielzahl von Parteien mit fragmentierten und oft konkurrierenden Positionen, die oft von Interessengruppen gesteuert werden, braucht es eine einzige Partei mit spezialisierten Abteilungen, die ihre jeweiligen Bereiche sehr gut beherrschen. Diese Partei sollte von wirtschaftlichen Interessen unabhängig sein und sich ausschließlich dem sozialen Frieden sowie dem Wohlstand der breiten Masse verschreiben.

Das Profil eines Politikers muss daher sorgfältig überdacht werden. Es ist von entscheidender Bedeutung sicherzustellen, dass die Handlungen und Entscheidungen politischer Akteure dem Wohl der Gesellschaft und nicht wirtschaftlichen Interessen dienen. Denn nur durch eine solche Ausrichtung kann eine Gesellschaft die Harmonie finden, die im Einklang mit den Prinzipien des Universums steht und somit die Grundlage für Stabilität, Entwicklung und Wohlstand legen.

Ein weiterer wichtiger Aspekt bei der Gestaltung der Gesellschaft der Zukunft ist die Liebe. Liebe sollte als zentraler Wert in allen Bereichen des gesellschaftlichen Lebens gefördert werden. Dies bedeutet, dass Menschen Mitgefühl und Empathie füreinander entwickeln müssen. Solidarität und Zusammenarbeit sollten über Konkurrenzdenken und Egoismus gestellt werden. Es ist wichtig, dass die Gesellschaft als Ganzes von Liebe und Fürsorge geprägt ist, sodass alle Menschen die Möglichkeit haben, ihr volles Potenzial zu entfalten.

Die Freiheit ist ein weiterer entscheidender Baustein für die Gesellschaft der Zukunft. Es ist wichtig, dass jeder Mensch das Recht hat, seine eigene Meinung zu äußern, unabhängig von Geschlecht, Rasse, Religion oder sozialem Status. Die Freiheit der Individuen sollte jedoch dort enden, wo sie die Freiheit und Rechte anderer beeinträchtigt. Eine ausgewogene Balance zwischen individueller Freiheit und dem Wohl der Gemeinschaft ist von großer Bedeutung. Es ist notwendig, dass Gesetze und Regeln existieren, um die Freiheit jedes Einzelnen zu schützen und sicherzustellen, dass niemand ungerecht behandelt wird.

Ein gründliches Überdenken des Profils von Politikern ist ebenfalls von großer Bedeutung, um sicherzustellen, dass sie nicht wirtschaftliche Interessen über den sozialen Frieden und Wohlstand der breiten Bevölkerung stellen. Es sollte ein klares Bewusstsein dafür geschaffen werden, dass das Wohl der

Gesellschaft im Vordergrund steht und politische Entscheidungen darauf abzielen sollten, das Gemeinwohl zu fördern.

Auch das Rechtssystem muss an die Anforderungen der Gesellschaft der Zukunft angepasst werden. Das Gesetz sollte darauf abzielen, das zu schützen, was für uns als Gesellschaft essenziell ist. Eine Möglichkeit hierbei wäre die Schaffung einer öffentlichen Plattform, auf der Straftaten und ihre Konsequenzen aufgelistet werden. Dies mag dazu beitragen, die Verantwortung der Bürger zu stärken und ein Bewusstsein für die Folgen von Vergehen zu schaffen. Durch eine solche Transparenz könnten auch die Bürger dazu ermutigt werden, sich aktiv an der Aufrechterhaltung der Rechtsordnung zu beteiligen.

Des Weiteren bedarf es in einer Gesellschaft der Zukunft Leitfiguren, die den einfachen Menschen Wege aufzeigen, die sie zu Glück und Wohlstand führen. Diese Leitfiguren sollten nicht nur über Macht und Einfluss verfügen, sondern auch eine moralische Verpflichtung haben, das Gemeinwohl im Blick zu behalten. Sie müssen als Vorbilder dienen und dazu beitragen, dass die Gesellschaft auf der Grundlage von Empathie und Solidarität aufgebaut wird. Ihre Aufgabe sollte darin bestehen, die Interessen der breiten Bevölkerung zu vertreten und sie auf einem Weg zu begleiten, der zu individueller Erfüllung und kollektivem Wohlstand führt.

Ein weiterer wichtiger Aspekt ist das Bildungssystem. Es ist von entscheidender Bedeutung, dass wir unsere Bildungssysteme so gestalten, dass sie die individuellen Fähigkeiten und Talente der Menschen fördern. Jeder Einzelne sollte die Möglichkeit haben, seine Stärken zu entfalten und sein volles Potenzial auszuschöpfen. Gleichzeitig dürfen Bildungsinstitutionen sich nicht nur auf akademisches Wissen fokussieren, sondern müssen auch soziale und emotionale Kompetenzen vermitteln. Ein ganzheitlicher Bildungsansatz, der auf persönliches Wachstum, kritisches Denken und interdisziplinäres Lernen abzielt, ist für die Entwicklung einer zukunftsfähigen Gesellschaft unerlässlich.

Ein weiterer wesentlicher Aspekt bei der Formung der Gesellschaft der Zukunft ist die Nachhaltigkeit. Wir müssen lernen, im Einklang mit der Natur zu leben und die Ressourcen verantwortungsvoll zu nutzen. Eine nachhaltige Gesellschaft sollte nicht nur ökologische Aspekte berücksichtigen, sondern auch soziale und wirtschaftliche Dimensionen einbeziehen. Es ist entscheidend, dass wir uns von einer kurzfristigen Gewinnorientierung lösen und für langfristige ökologische und soziale Ziele engagieren. Nachhaltigkeit sollte in allen Bereichen unseres Lebens verankert sein, sei es in der Wirtschaft, der Politik, im Konsumverhalten oder in unseren täglichen Entscheidungen.

Die Gestaltung der Gesellschaft der Zukunft steht vor einer bedeutenden Herausforderung und Chance zugleich. Die fortschreitenden technologischen Errungenschaften werden zweifellos einen weitreichenden Einfluss auf unseren Alltag haben. Es liegt an uns, wie wir diese Technologien einsetzen, um eine Gesellschaft zu formen, die allen zugutekommt, anstatt nur einer privilegierten Gruppe.

Um eine positive Zukunft zu gestalten, müssen wir sicherstellen, dass diese Technologien dazu dienen, das Wohl der gesamten Gesellschaft zu fördern. Bildung und Zugang zu diesen Technologien müssen breit gefächert sein, um Chancengleichheit zu gewährleisten. Das bedeutet, dass wir sicherstellen müssen, dass jeder Mensch die Möglichkeit hat, von den Vorteilen dieser Technologien zu profitieren.

Eine zentrale Idee dabei ist, dass der Einsatz von Technologie dazu beitragen sollte, uns mehr Zeit für uns selbst, unsere Mitmenschen und unsere persönlichen Leidenschaften zu schenken. Wenn wir durch effiziente Technologie weniger Zeit mit repetitiven oder monotonen Aufgaben verbringen müssen, können wir uns auf unsere Kreativität, Innovation und zwischenmenschlichen Beziehungen konzentrieren. Dadurch könnten wir ein erfüllteres und glücklicheres Leben führen.

Es ist wichtig, dass wir diese Entwicklungen aktiv lenken und gestalten. Dafür braucht es nicht nur technologische Innovationen, sondern auch eine entsprechende gesellschaftliche Infrastruktur und Werte. Der Fokus sollte darauf liegen, Technologie im Dienste des Gemeinwohls einzusetzen und sicherzustellen, dass niemand aufgrund von sozialen oder wirtschaftlichen Unterschieden den Zugang zu diesen Fortschritten verliert.

Die Formung der Gesellschaft der Zukunft erfordert eine breite gesellschaftliche Debatte und eine aktive Beteiligung aller Menschen. Jeder Einzelne sollte die Möglichkeit haben, seine Ideen und Visionen einzubringen. Es ist wichtig, dass wir gemeinsam an einer Gesellschaft arbeiten, die auf den Prinzipien von Wahrheit, Liebe und Freiheit basiert und das Wohl aller im Blick hat. Nur durch einen ganzheitlichen Ansatz und eine umfassende Einbindung der Bürgerinnen und Bürger können wir eine zukunftsfähige und lebenswerte Gesellschaft formen.

Eine Klarstellung über die nachfolgenden Fragen!

„Je weniger wir Trugbilder bewundern, desto mehr vermögen wir die Wahrheit aufzunehmen.“
Erasmus von Rotterdam

In der heutigen Welt hat die zivilisierte Gesellschaft große Fortschritte gemacht, indem wir kritisch über eine Vielzahl von Themen diskutieren können. Dazu gehören Politik, Gesellschaft und sogar Religion. Politische Themen berühren zweifellos die Machtstrukturen einer Gesellschaft, und ich gehe davon aus, dass in den meisten demokratischen Staaten eine freie Diskussion über dieses Thema möglich ist. Auch die kritische Auseinandersetzung mit gesellschaftlichen Themen scheint mir heutzutage in den meisten zivilisierten Ländern problemlos möglich zu sein und sogar erwünscht.

Dennoch bleibt Religion eines der problematischsten und sensibelsten Themen. In den meisten Ländern dieser Welt ist es nicht möglich, eine kritische Diskussion über Religion zu führen. Der Grund hierfür liegt darin, dass dieses Thema einen Bereich betrifft, der die fundamentalsten Überzeugungen in Frage stellt. Es geht um Gott, die Seele, das Jenseits und letztlich um die gesamte Existenz. Für die meisten Menschen scheint die Wahrheit bereits festgeschrieben zu sein. Trotz der Tatsache, dass es unzählige Praktiken und Glaubensrichtungen gibt, besteht jede Gruppe darauf, die Wahrheit für sich zu beanspruchen. Doch was ist die Wahrheit? Was wäre, wenn keine Glaubensgemeinschaft einen absolut wahren Hintergrund hätte? Wären die Menschen dennoch bereit, ihre Überzeugungen zu verteidigen?

Wir verstehen mittlerweile ziemlich genau, welche Kraft eine Religion haben kann, da sie Realitäten schaffen kann. Es sind genau diese Themen, wie Gott, Religion und ein Leben nach dem Tod, die in den Bereich des Glaubens fallen und um die es im Folgenden geht. Die Auseinandersetzung mit diesen

Fragen ist äußerst kritisch, aber meiner Meinung nach sachlich. Ich bin mir bewusst, dass meine kritische Herangehensweise vielen Menschen nicht gefallen wird. Daher empfehle ich denen, die nicht nach der Wahrheit suchen, sondern ihrer Tradition treu bleiben möchten, eine distanzierte Haltung beim Lesen meiner Gedanken einzunehmen.

Es ist wichtig zu verstehen, dass die Suche nach Wahrheit nicht für jeden gleichbedeutend ist und dass die Vielfalt der Überzeugungen ein wesentlicher Bestandteil unserer Gesellschaft ist. Das Streben nach Erkenntnis und Verständnis über die Tiefe des Glaubens und die Existenzfragen ist eine persönliche Reise, die von Respekt und Toleranz begleitet sein sollte. Es ist eine Reise, die Raum für verschiedene Überzeugungen und Ansichten lässt, ohne das Fundament des Friedens und des gegenseitigen Verständnisses zu erschüttern.

Es ist wichtig anzumerken, dass meine Intention nicht darin besteht, die religiösen Überzeugungen anderer zu verletzen oder abzuwerten. Vielmehr möchte ich anregen, dass wir uns offener und mutiger mit diesen Fragen auseinandersetzen, um möglicherweise neue Perspektiven zu gewinnen und ein tieferes Verständnis zu entwickeln. Eine ehrliche und respektvolle Diskussion über Religion kann zu einem besseren gegenseitigen Verständnis führen und unsere Gesellschaft bereichern. Es geht nicht darum, den Glauben anderer zu negieren, sondern darum, dass wir uns alle der Vielfalt unserer Überzeugungen bewusst werden und einen Raum schaffen, in dem ein konstruktiver Dialog möglich ist.

In einer sich entwickelnden Gesellschaft sollten wir in der Lage sein, auch kontroverse Themen wie Religion kritisch zu hinterfragen, ohne dabei die Menschen in ihrer Glaubensfreiheit einzuschränken. Wir können eine Atmosphäre des Respekts schaffen, in der unterschiedliche Ansichten gehört und respektiert werden. Indem wir uns öffnen und mit unterschiedlichen Perspektiven auseinandersetzen, gelangen wir möglicherweise zu einem tieferen Verständnis der menschlichen Spiritualität.

Es ist ein herausfordernder Prozess, sich von althergebrachten Vorstellungen zu lösen und neue Wege des Denkens zu erkunden. Aber gerade durch eine solche Offenheit können wir uns als Gesellschaft weiterentwickeln und gemeinsam nach einer tieferen Wahrheit suchen. Es erfordert Mut, sich auf dieses Abenteuer einzulassen und die eigenen Überzeugungen zu hinterfragen. Doch nur durch einen offenen und kritischen Dialog kommen wir zu einem umfassenderen Verständnis und finden neue Lösungsansätze für die Herausforderungen unserer Zeit.

Es ist wichtig, anzuerkennen, dass nicht jeder bereit oder in der Lage ist, sich auf eine solche Auseinandersetzung einzulassen. Jeder hat das Recht, seinen eigenen Weg zu wählen und seinen Glauben zu praktizieren. Es liegt nicht in meiner Absicht, jemanden zu überzeugen oder zu missionieren. Vielmehr möchte ich anregen, dass wir uns als Gesellschaft offener für kritische Diskussionen über Religion und andere komplexe Themen öffnen und damit einen Raum schaffen, in dem verschiedene Perspektiven gehört werden können.

31 Welche Bedeutung haben die Religionen?

„Der Glaube kann Berge versetzen.“
Bibel, Neues Testament

Die Bedeutung der Religionen ist ein facettenreiches und vielschichtiges Thema, das unterschiedliche Aspekte umfasst. Um dieses Thema besser zu verstehen, ist es hilfreich, das Gesetz der Anziehung und das Gesetz des Ausgleichs zu berücksichtigen.

Religionen spielen eine bedeutende Rolle in der Gesellschaft, da sie den Menschen Orientierung, Sinnstiftung und eine Verbindung zu etwas Höherem bieten. Sie haben Antworten auf existenzielle Fragen und ermöglichen es den Gläubigen, ihre spirituelle Seite zu erkunden und auszudrücken. Religionen haben eine lange geschichtliche Entwicklung durchlaufen und sind tief in kulturellen und sozialen Strukturen verankert. Sie beeinflussen das individuelle und kollektive Denken, das Verhalten und die Werte einer Gemeinschaft.

Das Gesetz der Anziehung besagt, dass unsere Gedanken und Überzeugungen Realitäten erschaffen können. Indem wir einen Glauben praktizieren und mit vollem Herzen daran festhalten, erschaffen wir eine Realität um uns herum. Dieser Glaube kann positive Auswirkungen haben, indem er den Gläubigen Hoffnung, Trost und eine Gemeinschaft bietet. Gleichzeitig kann der Glaube jedoch auch negative Auswirkungen haben, wenn er zu Extremismus, Intoleranz oder Konflikten führt. Es ist wichtig, zu erkennen, dass der Glaube an sich nicht gut oder schlecht ist, sondern wie er gelebt und interpretiert wird.

Das Gesetz des Ausgleichs besagt, dass jede Handlung Konsequenzen hat und dass wir für unsere Taten Verantwortung tragen. Wenn ein Glaube oder eine religiöse Praxis dazu führt, dass andere Menschen benachteiligt oder negativ beeinflusst werden, wird der Ausgleich früher oder später eintreten. Dies kann beispielsweise bedeuten, dass Konflikte entstehen oder dass Menschen unterdrückt werden. Es ist wichtig, dass Religionen und ihre Anhänger die Auswirkungen ihrer Überzeugungen und Handlungen auf andere berücksichtigen und danach streben, ein harmonisches und gerechtes Miteinander zu schaffen.

Unter Berücksichtigung der Gesetze der Anziehung und des Ausgleichs wird deutlich, dass Religionen, die nicht der objektiven Wahrheit entsprechen, potenziell Konflikte in einer Gesellschaft oder innerhalb von Glaubensgemeinschaften hervorrufen können. Wenn eine Gesellschaft jedoch gut strukturiert und organisiert ist, könnten die äußeren Auswirkungen solcher Konflikte minimiert werden. Dennoch sind die Auswirkungen auf anderen Ebenen deutlich spürbar, wie beispielsweise in der Zufriedenheit, im Glücksempfinden, in der Empathie sowie im physischen und mentalen Wohlbefinden der Menschen.

Religionen, die nicht auf objektiven Wahrheiten beruhen oder die aufgrund von Interpretationen oder Manipulationen entstanden sind, könnten möglicherweise Spannungen oder Unstimmigkeiten zwischen verschiedenen Glaubensgruppen erzeugen. Diese Konflikte können sich negativ auf das soziale Gefüge und die Harmonie innerhalb einer Gesellschaft auswirken.

Auf einer anderen Ebene können gut strukturierte und auf objektiven Werten basierende Religionen jedoch einen positiven Einfluss auf das individuelle und kollektive Wohlbefinden haben. Sie können Menschen Orientierung, Trost, Hoffnung und einen Rahmen für moralische Entscheidungen bieten. Eine Gesellschaft, in der die Menschen durch ihre Religion Werte wie Mitgefühl, Großzügigkeit und gegenseitigen Respekt kultivieren, kann dazu beitragen, ein Gefühl der Verbundenheit und des sozialen Friedens zu fördern.

Religionen bieten den Gläubigen eine Vielzahl von Orientierungshilfen, sinnstiftenden Antworten und eine Verbindung zu einer höheren Macht. Der individuelle und kollektive Glaube hat einen tiefgreifenden Einfluss auf die gesellschaftliche und kulturelle Struktur.

Religionen stellen ein komplexes Gefüge von Überzeugungen, Werten und Traditionen dar, die tief in die menschliche Geschichte eingewoben sind. Es ist wichtig zu betonen, dass Religionen trotz ihrer immensen Bedeutung und ihres Einflusses keinen absoluten Anspruch auf eine exklusive Wahrheit erheben können. Jede Religion beansprucht ihre eigene Wahrheit basierend auf ihrem eigenen Kontext und ihrem Verständnis, ohne jedoch einen absoluten Anspruch auf universale Wahrheit zu haben. Sie entstehen aus menschlichen Ideen und Erfahrungen, wobei individuelle Wahrheiten genauso wirksam sein können wie eine potenzielle universelle Wahrheit.

In Anbetracht der Vielzahl von Glaubensgemeinschaften ist zu beachten, dass jede von ihnen den Anspruch auf Wahrheit erhebt. Diese Glaubenssysteme spiegeln die kulturelle Vielfalt, die Geschichte und die persönlichen Überzeugungen ihrer Anhänger wider. Sie dienen als Mittel zur Sinnfindung, zur Verbindung mit dem Transzendenten und zur Orientierung im Leben. Jede Religion bietet ihren Anhängern einen Rahmen, um die Welt und das eigene Dasein zu verstehen und zu interpretieren.

Trotz der Vielfalt an Glaubensrichtungen ist es wichtig anzuerkennen, dass der Anspruch auf Wahrheit in diesen Systemen subjektiv ist und von den jeweiligen Gläubigen als absolut empfunden wird. Diese Vielfalt unterstreicht die Komplexität des menschlichen Glaubens und die Notwendigkeit, Respekt und Toleranz gegenüber den Überzeugungen anderer zu fördern, auch wenn sie sich von den eigenen unterscheiden. Es gilt, eine Atmosphäre des gegenseitigen Verständnisses zu schaffen, die es ermöglicht, die Vielfalt der religiösen Überzeugungen als bereichernde Facette menschlicher Spiritualität anzuerkennen.

Religionen haben zweifellos die Fähigkeit, kollektive Glaubenssysteme zu formen und zu beeinflussen. Doch gleichzeitig können sie auch als Werkzeuge zur Kontrolle und Unterdrückung eingesetzt werden. Diese Realität unterstreicht die Notwendigkeit einer kritischen Betrachtung religiöser Glaubenssysteme und betont die Wichtigkeit, stets Werte wie Frieden, Toleranz, Gerechtigkeit und Respekt zu fördern.

Abseits davon haben Religionen auch erhebliche soziale und wirtschaftliche Auswirkungen. Sie fördern den sozialen Zusammenhalt, indem sie Gemeinschaften und Netzwerke formen, die gegenseitige Unterstützung bieten. Diese Netzwerke können auch wirtschaftliche Ressourcen mobilisieren und für wohltätige Zwecke einsetzen, was einen positiven Einfluss auf das soziale Gefüge haben kann.

Ein weiterer wichtiger Aspekt ist die ökologische Perspektive. Religionen haben oft eine Verbindung zur Natur und lehren den Respekt und die Verantwortung für die Schöpfung. Einige Religionen fördern einen nachhaltigen Umgang mit der Umwelt und den Schutz der natürlichen Ressourcen. Andere Religionen können jedoch auch zu anthropozentrischen Ansätzen führen, bei denen die Bedürfnisse der Natur und der Umwelt vernachlässigt werden. In Anbetracht der drängenden ökologischen Herausforderungen ist es wichtig, dass Religionen ihre Lehren anpassen und einen Beitrag zum Schutz und zur Erhaltung der Natur leisten.

Es ist von großer Bedeutung, dass der Mensch, bevor er neue Technologien entwickelt, sich selbst und seine Bedürfnisse für eine glückliche und nachhaltige Zukunft definiert. Dies gilt auch für die Religionen. Es ist wichtig, dass die Gläubigen ihre Überzeugungen reflektieren und hinterfragen, ob sie im Einklang mit den Werten von Frieden, Toleranz, Gerechtigkeit und Respekt stehen. Religionen sollten als Quelle der Inspiration dienen, um das Beste im Menschen hervorzubringen und eine bessere Welt zu schaffen.

Das Gesetz der Anziehung veranschaulicht die Bedeutung des Zitats „der Glaube kann Berge versetzen“ recht deutlich. Die Religionen sind entstanden, um den Menschen im irdischen Leben eine Richtung zu geben. Durch übernatürliche Erfahrungen sind Religionsgemeinschaften entstanden, die jedoch nur eine Nuance der absoluten Wahrheit vermitteln. Durch Manipulation und Fehlinterpretation sind bestimmte Lehren verfälscht worden, so dass sie sich von der ursprünglichen Idee entfernt haben. Die Macht des kollektiven Glaubens lenkt uns in eine Richtung, die fest vorgeschrieben zu sein scheint. Das hat jedoch ihren Preis. Die universale Wahrheit bedarf keines kollektiven Zusammenschlusses. Sie funktioniert genauso gut auf individueller Ebene. Diese Erkenntnis kann dazu beitragen, die Praktiken und Überzeugungen innerhalb verschiedener Glaubenssysteme zu hinterfragen und zu untersuchen. Die Tatsache, dass jede Religion eine Perspektive auf die absolute Wahrheit ist, zudem oft auch verfälscht, bedeutet, dass diese Glaubenssysteme das Potenzial haben, sich im Laufe der Zeit zu entwickeln, sich zu verändern und voneinander zu lernen um den Bedürfnissen ihrer Anhänger gerecht zu werden.

Es ist wichtig anzuerkennen, dass der Glaube nicht nur die Realität im Diesseits beeinflusst, sondern auch eine Auswirkung auf das Jenseits haben kann, wie es in verschiedenen religiösen Vorstellungen beschrieben wird. Die Überzeugungen, Rituale und Handlungen in diesem Leben werden oft in vielen Glaubenssystemen als Vorbereitung für das Leben nach dem Tod betrachtet. Gläubige bereiten sich darauf vor, wie sie im Jenseits leben wollen, indem sie durch ihren Glauben und ihre Handlungen eine positive oder bestimmte Realität für die Zukunft anstreben.

Somit manifestiert sich die Macht des Glaubens nicht nur in der Gestaltung der gegenwärtigen Welt, sondern sie spielt auch eine Rolle bei der Vorstellung und Vorbereitung auf eine mögliche Existenz im Jenseits. Diese Vorstellungen können die individuelle Ethik, Moral und den Lebensstil maßgeblich beeinflussen. In diesem Sinne wird der Glaube als Instrument der Vorbereitung für das Leben nach dem Tod betrachtet, wodurch er sowohl das jetzige als auch das zukünftige Wohlergehen der Gläubigen beeinflussen kann.

Religionen sind komplexe soziale Phänomene, die eine Vielzahl von Bedeutungen und Auswirkungen haben. Sie bieten den Menschen spirituelle Orientierung, Gemeinschaft und Sinnstiftung. Gleichzeitig können sie aber auch zu Konflikten, Intoleranz und Ungerechtigkeit führen, wenn sie missbraucht oder falsch interpretiert werden. Es liegt in der Verantwortung der Gläubigen und religiösen Institutionen, ihre Überzeugungen kritisch zu hinterfragen, Toleranz zu fördern und nach einer harmonischen Koexistenz aller Menschen und Religionen zu streben. Nur so lässt sich die wahre Bedeutung der Religionen verwirklichen – als Quelle der Hoffnung, des Friedens und der Verbundenheit in einer vielfältigen Welt.

Letztendlich hat jede erfolgreiche Religion einen wahren Ursprung und eine Realität. Tief in sich spürt jeder Mensch, welcher Weg sicher ist. Jedoch bedeutet dies nicht zwangsläufig, dass er der universellen Wahrheit entsprechen muss.

32 Gibt es den einen Gott oder viele oder sogar gar keinen?

„Alle großen Wahrheiten beginnen als Blasphemie."
George Bernard Shaw

Bevor wir in die tiefen Gewässer der Frage nach der Existenz Gottes eintauchen, ist es von entscheidender Bedeutung, zunächst den Kontext und die Bedeutung des Lebens selbst zu betrachten. Dabei betrachten wir nicht nur unser persönliches Dasein, sondern das Leben in all seiner Vielfalt – Menschen, Tiere, Pflanzen und alles andere, was lebt. Der Ursprung dieser Vielfalt und Komplexität beschränkt sich nicht nur auf unseren blauen Planeten, die Erde, sondern weit über ihre Grenzen hinaus in das unendliche Universum. Jede Lebensform, ob groß oder klein, entspringt der Quelle des ewigen Lebens.

Individuell und doch mit gemeinsamen Wurzeln sind alle Lebewesen einzigartig und mit besonderen Gaben gesegnet. Wesen, die außergewöhnliche Fertigkeiten und Stärken vorweisen, nennen wir Gottheiten. Diese Kräfte sind keine zufälligen Ereignisse, sondern Resultate verdienter Leistungen. Sie entstehen durch nobelste Taten, wie die Unterstützung unserer Mitmenschen und das Streben nach tiefer Wahrheit jenseits der bloßen Erscheinung der Dinge.

Die bloße Wahrnehmung der Welt genügt nicht. Es ist unser Streben, den verborgenen Kern der Dinge zu erkennen, was uns zur Wahrheit und dadurch zur Macht führt. Dieses Wissen transformiert uns, verleiht uns außergewöhnliche Fähigkeiten und lässt uns zu mehr als nur Sterblichen werden.

Das Lernen von anderen ist ein weiterer Weg, übermenschliche Fähigkeiten zu erlangen. Durch das Teilen von Wissen und Erfahrungen, das Annehmen neuer Perspektiven und Fähigkeiten erweitern wir unseren Horizont und stärken unser inneres Wachstum. In diesem Kontext sind wir sowohl Empfänger als auch Geber von Weisheit. Es ist dieser ständige Austausch, der uns wachsen und über uns hinauswachsen lässt.

In der buddhistischen Lehre steht die Erleuchtung im Mittelpunkt, ein Zustand, der einem göttlichen Bewusstsein ähnelt. Dies deutet darauf hin, dass jedes Lebewesen das Potenzial besitzt, diesen erhabenen Zustand zu erreichen.

In dieser Perspektive könnten Gottheiten, wie sie in den monotheistischen Religionen beschrieben werden, als erwachte Wesenheiten betrachtet werden. Ihre Funktion wäre möglicherweise die, den Menschen eine moralische und ethische Lebensführung zu lehren und ihnen als Vorbilder für ein Leben zu dienen, das auf spirituellem Wachstum und ethischem Handeln basiert. Dies könnte als Vorbereitung für ein höheres, erfüllteres Leben im Jenseits verstanden werden.

Betrachten wir unsere gegenwärtige Existenz, sehen wir lediglich die Manifestation einer vergangenen Existenz, ein Echo aus einer vergangenen Zeit und Raum. In diesem Prozess hat alles, was in dieser früheren Existenz nicht mehr existiert, begonnen, allmählich in physischer und geistiger Form in unserer aktuellen Welt zu erscheinen. Es ist, als ob das Leben eine Art lebendiges Fossil unserer ursprünglichen Existenz darstellt.

Jede Form von Leben und Materie hat ihren Ursprung in einer anderen Welt oder sogar auf verschiedenen Ebenen des Seins. Was die monotheistischen Religionen als Gott bezeichnen, könnte als der primäre Grund für unsere Existenz in dieser besonderen Form gesehen werden. Dieser Aspekt führt uns zum Verständnis des Gesetzes der Anziehung oder des Gesetzes des Triumphs. Jede Aktion, jede Interaktion, selbst die kleinste, hat Konsequenzen. Alles, was wir essen, bezwingen oder auf irgendeine Weise beeinträchtigen, wird zu einem Teil von uns. Selbst wenn ein Mensch einen anderen emotional verletzt, kann er ihm auf subtile Weise Energie rauben. Dies ist der Grund für die ethischen Gebote und Regeln in den Religionen: Du sollst nicht töten, du sollst nicht betrügen, du sollst freundlich und moralisch sein. Aus dieser Perspektive könnten wir ableiten, dass wir in einer früheren Existenz eine gewisse Beziehung zu Wesen, die wir als Götter bezeichnen.

Glauben die verschiedenen Nationen an unterschiedliche Götter, und haben diese unterschiedlichen Glaubenssätze eine Realität aufgrund des Gesetzes der Anziehung? Die Antwort ist komplex und facettenreich. Die monotheistischen Religionen, obwohl sie an einen Gott glauben, interpretieren die Realität aufgrund des Gesetzes der Anziehung oft unterschiedlich. Die Ereignisse in dieser Welt werden in einigen Traditionen als Gottes Werk betrachtet, während andere glauben, dass wir einen freien Willen haben und unsere Entscheidungen selbst treffen. Die Vorstellungen über das Ende der Welt und den Zweck unserer Existenz variieren stark zwischen den verschiedenen Glaubensgemeinschaften.

Buddhismus und Islam, beides Weltreligionen, verfolgen unterschiedliche Zielsetzungen. Buddhisten streben nach Erleuchtung, um einen gottähnlichen Zustand zu erreichen, der sie von den Zyklen des Lebens befreit. Im Gegensatz dazu strebt der Islam danach, die gesamte Menschheit unter der Herrschaft Allahs zu vereinen. Diese Darstellungen sind jedoch stark vereinfacht. Die tatsächlichen Glaubenssysteme und Praktiken beider Religionen sind weitaus komplexer und nuancierter.

Die Idee, dass wir aus einer anderen Welt stammen und möglicherweise dorthin zurückkehren, ist ein faszinierender Aspekt unserer existenziellen Überlegungen. Dieser Gedanke korrespondiert mit der buddhistischen Idee von Samsara, dem Zyklus von Geburt, Tod und Wiedergeburt. Das Ziel ist es, durch Erleuchtung (Nirvana) aus diesem Zyklus auszubrechen. Dies könnte metaphorisch als Rückkehr in unsere ursprüngliche Welt interpretiert werden, einen Zustand jenseits von Leiden und Anhaftung.

Das buddhistische Konzept des Nirvana sollte jedoch nicht einfach als eine Rückkehr zu einem vormenschlichen Zustand verstanden werden, sondern als ein Zustand der absoluten Freiheit von Anhaftung und Leiden. Es ist ein Zustand, der über alle vorstellbaren Formen von Existenz hinausgeht.

In dieser Hinsicht mag unsere Reise durch das Leben – und vielleicht durch mehrere Leben – Teil eines größeren, unendlichen Zyklus sein, der von den Naturgesetzen und unserer Beziehung zur kosmischen Ordnung geprägt ist. In diesem Sinne ist das Leben ein endloses Abenteuer, eine Reise des Wachstums und der Transformation.

Es ist interessant, dass diese Vorstellung eines größeren kosmischen Zyklus in vielen spirituellen Traditionen und Philosophien auf der ganzen Welt zu finden ist. Die hinduistische Tradition spricht von einem Zyklus von Yugas oder Zeitaltern, und die alten Griechen glaubten an die Metempsychose, eine Form der Seelenwanderung. Selbst in der modernen Physik gibt es Theorien wie die der Multiversen und der zyklischen Kosmologie, die ähnliche Konzepte vermuten.

In diesem universellen Zusammenhang könnte das Streben nach spirituellem Wachstum und Verständnis als ein Prozess der Rückkehr zu unserer wahren Natur gesehen werden. Es ist eine Reise der Selbstentdeckung, die uns letztendlich zu einer tieferen Erkenntnis unseres Platzes im Universum führt. Und das ist ein Ziel, das Menschen aller Glaubensrichtungen und Traditionen teilen können.

Möglicherweise sind unsere verschiedenen Vorstellungen von Gott und dem Göttlichen tatsächlich verschiedene Ausdrucksformen desselben grundlegenden Verlangens: das Verlangen, den Zyklus von Geburt und Tod zu transzendieren und in eine Realität jenseits der Begrenzungen unserer sterblichen Existenz einzutreten. In diesem Sinne könnten wir sagen, dass wir alle auf der Suche nach unserem „ursprünglichen Zuhause" sind, ob wir es nun als Himmel, Nirvana, Moksha oder einfach als Einheit mit dem Universum bezeichnen.

Die Frage nach Gott und unserer Beziehung zu ihm ist somit eng mit unserer Suche nach Sinn und Zweck verbunden. Es ist ein Ausdruck unserer tiefsten Sehnsüchte und Hoffnungen und etwas, das uns alle miteinander verbindet, ungeachtet unserer individuellen Glaubensüberzeugungen. Im Streben nach Erleuchtung, Erlösung oder einfach nur nach einem besseren Verständnis unserer Existenz sind wir alle Teilnehmer an der großen Reise des Lebens.

Auch das Christentum, der Islam und das Judentum, die großen monotheistischen Religionen, haben prophetische Vorhersagen über das Ende der Welt. Diese Konzepte können oft als Ursachen für Konflikte und Auseinandersetzungen gesehen werden. Dabei spielt das Gesetz der Anziehung eine wichtige Rolle, da die Menschen aufgrund ihrer religiösen Überzeugungen unterschiedliche Realitäten manifestieren. Obwohl diese monotheistischen Religionen das Ende der Welt vorhersagen, interpretiert jede von ihnen dieses Ende und das, was danach kommt, auf ihre Weise. So kann die „Vernichtung" nicht unbedingt als absolute Zerstörung gesehen werden, sondern eher als eine Transformation oder ein Übergang zu einer neuen Existenz.

Trotz der Unterschiede in den Interpretationen und Überzeugungen ist es wichtig zu beachten, dass die meisten Anhänger der monotheistischen Religionen friedliche und respektvolle Beziehungen zu Anhängern anderer Glaubensrichtungen pflegen. Es gibt Konflikte und Meinungsverschiedenheiten, aber auch zahlreiche Beispiele für Koexistenz und gegenseitigen Respekt zwischen verschiedenen Glaubensgemeinschaften. Dieser Aspekt wird oft übersehen, wenn wir uns auf die Unterschiede und Konflikte konzentrieren. Denn letztlich ist es das, was uns verbindet – der gemeinsame Glaube an eine höhere Macht und das Streben nach einem besseren Leben –, das uns stärker macht.

33 Gibt es ein Leben nach dem Tod?

„Auferstehung ist unser Glaube, Wiedersehen unsere Hoffnung, Gedenken unserer Liebe."
Aurelius Augustinus

Die Frage nach einem Leben nach dem Tod ist eine der fundamentalsten Fragen der Menschheit. Viele Menschen suchen nach Antworten und möchten wissen, ob es eine Existenz jenseits dieser physischen Welt gibt. Um diese Frage zu beantworten, ist es hilfreich, verschiedene Aspekte zu betrachten und Erfahrungen zu berücksichtigen, die wir im Zusammenhang mit dem Schlaf machen, der oft als kleiner Tod bezeichnet wird.

Während des Schlafens erleben wir eine Art Übergangszustand, in dem unser Bewusstsein vorübergehend von der physischen Realität abgekoppelt ist. Es ist interessant zu beobachten, dass viele Menschen während des Schlafes intensive Träume haben und verschiedene Erlebnisse durchmachen. Diese Erfahrungen könnten als Hinweis darauf dienen, dass es jenseits unseres physischen Lebens eine andere Ebene des Seins gibt, in der unser Bewusstsein weiterexistiert.

Ein weiterer Aspekt, der für ein Leben nach dem Tod spricht, ist die Tatsache, dass wir uns das Nichts nicht wirklich vorstellen können. Wenn wir versuchen, uns den Zustand des Nichtseins oder das Ende unseres Bewusstseins vorzustellen, stoßen wir an unsere Grenzen. Es fällt schwer, uns eine absolute Nichtexistenz vorzustellen, da unser Denken und unsere Vorstellungskraft auf Erfahrungen und Existenz basieren.

Auch die Frage nach dem Ende des Universums kann eine Rolle spielen. Wenn wir uns vorstellen, dass das Universum einen Anfang und ein Ende hat, stellt sich die Frage, was danach kommt. Die Vorstellung eines endgültigen Nichts oder eines absoluten Endes mag uns befremden und lässt Raum für die Möglichkeit eines Lebens nach dem Tod.

Nahtoderfahrungen liefern Hinweise darauf, dass das Leben nach dem Tod eine reale Möglichkeit sein könnte. Menschen, die solche Erfahrungen gemacht haben, berichten von Begegnungen mit verstorbenen Bekannten, Engeln und sogar göttlichen Präsenzen. Wissenschaftlich betrachtet kann dies weder bestätigt noch widerlegt werden.

Eine Gewissheit bezüglich eines Lebens nach dem Tod hätte zweifellos tiefgreifende Auswirkungen auf unsere gegenwärtige Lebensweise. Die Überzeugung, dass es ein Leben nach dem

Tod gibt, würde vermutlich unsere Entscheidungen und Handlungen grundlegend beeinflussen. Es wird angenommen, dass die Kraft der Überzeugung unsere diesseitigen Erfahrungen lenken und beeinflussen kann.

In diesem Kontext ergeben sich Fragen bezüglich der Vorstellungskraft und der Grenzen des Denkens. Die Idee, dass wir nur an das denken können, was bereits existiert, könnte darauf hindeuten, dass unser Denken auf Vorhandenem basiert. Diese Vorstellung könnte mit der Schwierigkeit, an das Nichts zu denken, verknüpft sein. Es scheint, als wäre die Vorstellung an etwas, das nicht existiert, im Widerspruch zum Gesetz der Anziehung, das darauf abzielt, dass unsere Gedanken und Überzeugungen unsere Realität beeinflussen. Der Glaube und die kollektive Energie könnten eine Existenz jenseits des physischen Todes ermöglichen.

Der Buddhismus bietet eine interessante Sichtweise auf das Leben nach dem Tod. In dieser Tradition ist das Ziel dieses Lebens die Erlösung aus dem Leiden und den Krankheiten des Diesseits sowie dem Kreislauf der Wiedergeburt. Der Buddhismus lehrt, dass alles im Universum aus verschiedenen Formen von Energie besteht, die sich ständig transformieren. Laut dieser Perspektive könnte unser Bewusstsein nach dem Tod in einer anderen Form oder Dimension weiterexistieren, ähnlich, wie es zwischen den verschiedenen Lebensphasen geschieht.

Die Tatsache, dass wir in diesem Moment existieren, deutet auch darauf hin, dass es bereits früheres Leben gegeben haben muss. Es scheint unwahrscheinlich, dass das Universum allein für uns existiert und dass unsere Existenz ein reiner Zufall ist. Die Komplexität des Universums und das Zusammenspiel der verschiedenen Energien und Kräfte lassen vermuten, dass es einen größeren Plan gibt, der unser individuelles Leben in einen größeren Zusammenhang stellt.

Das Universum muss bereits vor seiner Entstehung das Potenzial in sich getragen haben, Lebewesen mit ihrer physischen Komplexität, Intelligenz sowie Gefühlen wie Trauer und Liebe hervorzubringen, ebenso wie Gesetze wie das Gesetz des Ausgleichs, das moralische und ethische Prinzipien verfolgt. Vor diesem Hintergrund scheint die Hoffnung und der Glaube an ein Leben nach dem Tod nicht nur eine Wunschvorstellung, sondern vielmehr ein Versprechen zu sein.

Letztendlich bleibt die Frage nach einem Leben nach dem Tod eine individuelle Glaubensfrage. Es gibt keine eindeutigen wissenschaftlichen Beweise oder Antworten, die für alle gleichermaßen gültig sind. Jeder Mensch muss seine eigene Perspektive finden und seinen eigenen Glauben entwickeln. Es ist wichtig, offen für verschiedene Ansichten zu sein und Respekt vor den Überzeugungen anderer zu haben.

Erfahrungen wie der Schlaf, die Schwierigkeit, sich das Nichts vorzustellen, die Frage nach dem Ende des Universums und die Prinzipien des Gesetzes der Anziehung und des Buddhismus dienen als Anhaltspunkte, um die Möglichkeit eines Lebens nach dem Tod zu betrachten. Es liegt in unserer individuellen Verantwortung, unsere eigene Überzeugung zu finden und sie mit Respekt für andere zu halten.

34 Was ist der Zweck des irdischen Lebens?

„Aufklärung ist der Ausgang des Menschen aus seiner selbstverschuldeten Unmündigkeit.“
Immanuel Kant

Der Zweck des irdischen Lebens ist eine Frage, die sich von der Bedeutung des Lebens im Allgemeinen unterscheidet. Während der Sinn des Lebens sich darauf konzentriert, wie wir in dieser Welt leben und unserem Leben eine Richtung geben können, bezieht sich der Zweck des Lebens auf eine externe Macht, die darüber bestimmt. Im buddhistischen Sinne besteht der Sinn des Lebens darin, das Erwachen und die Erleuchtung zu erreichen und den ewigen Kreislauf der Inkarnation zu durchbrechen. Aus dieser Perspektive des Buddhismus erscheint es am plausibelsten, den Zweck des Lebens auch im Sinn des Lebens zu verstehen.

Es ist wichtig, zu erkennen, dass wir nicht freiwillig in dieser Welt sind. Unsere derzeitige Existenz in dieser Form ist das Werk einer höheren Macht, die wir als Gott bezeichnen könnten. Es gibt Gründe dafür, warum wir in dieser Welt leben müssen, und das Gesetz des Triumphs könnte uns dabei helfen, diese Gründe zu verstehen. Dieses Gesetz besagt, dass alles zu einem Teil von uns wird, wenn wir es bezwingen. Mit anderen Worten, durch unsere eigenen Fehler und unser selbst verschuldetes Unvermögen müssen wir in diesem Leben einen Leidensweg durchlaufen.

Der Zweck des irdischen Lebens besteht darin, dass wir uns unseren Herausforderungen stellen und daraus lernen. Es geht darum, unsere Fehler zu erkennen und zu überwinden, um uns weiterzuentwickeln und zu wachsen. In diesem Prozess des Triumphs überwinden wir nicht nur äußere Hindernisse, sondern auch unsere inneren Kämpfe und Unzulänglichkeiten.

Wenn wir den Zweck des irdischen Lebens verstehen wollen, müssen wir auch die Konzepte von Karma und Wiedergeburt in Betracht ziehen. Laut dem buddhistischen Glauben hat jede Handlung Konsequenzen, die in Form von Karma auf uns zurückkommen. Unsere Handlungen in diesem Leben beeinflussen nicht nur unser gegenwärtiges Dasein, sondern auch unsere zukünftigen Inkarnationen. Der Zweck des Lebens besteht darin, das Karma zu klären, um den ewigen Kreislauf der Wiedergeburt zu durchbrechen und letztendlich die Befreiung zu erreichen.

Die Schwierigkeiten und Herausforderungen, mit denen wir in diesem Leben konfrontiert sind, dienen als Prüfungen und Lektionen, die uns helfen, unser Karma auszugleichen und spirituelles Wachstum zu erreichen. Wir müssen die negativen Auswirkungen unserer vergangenen Handlungen überwinden, um uns auf den Pfad der Erleuchtung zu begeben.

Es ist wichtig, anzumerken, dass der Zweck des irdischen Lebens nicht als Bestrafung oder Leid zu verstehen ist, sondern als Chance zur Transformation und zum spirituellen Fortschritt. Die höhere Macht, die über unseren Zweck bestimmt, handelt aus Liebe und Mitgefühl. Es resultiert aus der Überwindung unserer eigenen Schwächen und Fehler, dass wir die

Möglichkeit haben, uns zu entwickeln und unser wahres Potenzial zu entfalten.

Der Zweck des irdischen Lebens kann auch als eine Gelegenheit zur Selbstverwirklichung und zum Dienst an anderen betrachtet werden. Durch die Erfahrungen und Lektionen, die wir in diesem Leben sammeln, haben wir die Möglichkeit, Mitgefühl, Weisheit und bedingungslose Liebe zu entwickeln. Indem wir anderen helfen und zur Verbesserung der Welt beitragen, erfüllen wir unseren Zweck und tragen zur spirituellen Entwicklung aller Lebewesen bei.

Es ist wichtig, anzuerkennen, dass der Zweck des irdischen Lebens eine individuelle Reise ist. Jeder von uns hat eine einzigartige Aufgabe und einen individuellen Weg zur Erleuchtung. Unsere Herausforderungen und Lebensumstände sind ein Teil dieser individuellen Reise, und es liegt an uns, sie zu akzeptieren und daraus zu lernen.

Der Zweck des irdischen Lebens wird in verschiedenen Glaubenssystemen und philosophischen Ansätzen unterschiedlich interpretiert und gedeutet. Für die Gemeinschaften der monotheistischen Religionen repräsentiert das irdische Leben einen Lernprozess, der durch den Vertrieb aus dem Paradies ermöglicht wird. Es ist eine Zeit des Bewusstseins, in der die Menschheit die Fähigkeit des Lernens und Wachsens in sich trägt.

Im Buddhismus wird das irdische Leben als eine Gelegenheit betrachtet, sich selbst zu verwirklichen und die Erleuchtung anzustreben. Dabei wird betont, dass der Weg durch den Glauben nicht zwangsläufig der alleinige richtige Pfad sein kann. Das Streben nach persönlicher Erfahrung und das daraus resultierende Wissen und die Weisheit können dazu dienen, individuelle Lebensziele zu erreichen.

Der Glaube spielt eine entscheidende Rolle, da er auf die Hoffnung gründet, dass wir von einer höheren Macht geleitet werden. Doch oft erkennen wir erst, wenn wir mit großen Schwierigkeiten konfrontiert sind, dass wir selbst unser Schicksal in die Hand nehmen müssen, um Lösungen zu finden.

Auf unserer Reise des Lebens begegnen wir einer Vielzahl von Menschen, die entweder als Hilfe oder Hindernis erscheinen können. Unsere anfänglich erscheinenden individuellen Entscheidungen mögen egoistisch und isoliert wirken, doch wenn wir uns auf höhere moralische und ethische Prinzipien stützen, finden wir auf unserer Reise und am Ende unseres Weges Menschen, die ähnliche Werte teilen. Es ist diese Gemeinschaft basierend auf ethischen Werten, die unser Leben bereichert und unsere Reise bedeutungsvoll macht.

35 Warum träumen wir und was ist dessen Bedeutung?

„Der Traum ist der beste Beweis dafür, dass wir nicht so fest in unsere Haut eingeschlossen sind, als es scheint."
Friedrich Hebbel

Diese Fragen führen uns in die faszinierende Welt des Traumzustands, in dem wir unsere verborgenen Fähigkeiten entdecken können. Träume sind wie Parallelrealitäten, mögliche Versionen eines potenziellen Lebens, die uns im Schlaf besuchen. In diesem Zustand tauchen wir in unsere Träume ein und können oft nicht zwischen Schlaf und Realität unterscheiden. Es gibt jedoch auch Menschen, die bewusst ihre Träume wahrnehmen und über ihre Erfahrungen berichten, wenn sie aus ihnen erwachen.

Träume bieten uns eine reiche und vielfältige Erfahrungswelt, die unsere Vorstellungskraft und unser Unterbewusstsein erkundet. In unseren Träumen entwickeln wir Fähigkeiten, die in unserer „Wachwelt" verborgen bleiben. Wir können fliegen, uns an verschiedene Orte teleportieren, mit fremden Wesen kommunizieren und ungewöhnliche Kräfte besitzen. Dies eröffnet uns neue Möglichkeiten, uns selbst besser kennenzulernen und Grenzen zu erweitern.

Die Bedeutung unserer Träume ist vielschichtig. Sie können uns helfen, unsere Ängste zu überwinden, ungelöste Konflikte zu erkennen oder verborgene Wünsche und Sehnsüchte zu entdecken. Durch das Eintauchen in unsere Träume haben wir die Möglichkeit, uns mit unseren tiefsten Emotionen und Gedanken auseinanderzusetzen. Träume weisen uns mitunter auch auf verborgene Aspekte unseres Lebens hin, die wir im Wachzustand vernachlässigen oder übersehen.

Eine interessante Frage, die sich stellt, ist, was passieren würde, wenn wir uns entscheiden würden, in dieser anderen Realität unserer Träume zu bleiben. Würde das bedeuten, dass wir in unserem realen Leben sterben? Vielleicht ruft der Tod in dieser Form ähnliche Empfindungen hervor. Wir könnten in unserer eigenen Welt einschlafen und mit Bewusstsein in einer anderen Welt erwachen. Diese Vorstellung führt zu weiteren Überlegungen, wo wir uns nach dem Tod befinden. Die Antwort darauf hängt vermutlich von unseren individuellen Überzeugungen ab.

Wenn wir an eine monotheistische Religion glauben, führt der Glaube dazu, dass wir nach dem Tod in die von der Religion beschriebenen Paradiese gelangen. In diesen Vorstellungen werden wir mit Belohnungen und ewiger Glückseligkeit für ein moralisches und gottesfürchtiges Leben in dieser Welt beschenkt. Diese Paradiese sind oft Orte des Friedens, der Harmonie und des Wohlergehens.

Auf der anderen Seite haben die Buddhisten eine andere Perspektive auf das Leben nach dem Tod. Sie glauben an den Kreislauf der Inkarnation, bei dem man so lange wiedergeboren wird, bis man die Erleuchtung erreicht. Die Buddhisten streben danach, aus dem endlosen Kreislauf des Leidens und der Wiedergeburt auszusteigen, um letztendlich Frieden und Befreiung zu erlangen.

Es ist faszinierend, zu erkennen, dass unsere Überzeugungen und Glaubenssysteme unsere Vorstellungen vom Leben nach dem Tod beeinflussen. Unsere Träume und ihre Bedeutung können uns helfen, tiefere Einblicke in diese Fragen zu gewinnen. Während wir in unseren Träumen verschiedene Realitäten und Zustände des Bewusstseins erleben, bleibt es letztendlich uns überlassen, zu entscheiden, wie wir diese Erfahrungen interpretieren und welche Schlüsse wir daraus ziehen.

Das Phänomen des Träumens ist eine faszinierende Reise in unser Unterbewusstsein, ein Ort, an dem unsere Gedanken, Emotionen und Erinnerungen auf vielschichtige Weise miteinander verschmelzen. Träume fungieren oft als Wegweiser, als eine Quelle möglicher Wege, die unsere Zukunft gestalten können.

Sie sind wie ein verborgener Faden, der unsere innersten Wünsche und Ängste verwebt und uns auf subtile Weise leitet. In den Träumen finden sich manchmal Antworten auf ungelöste Fragen oder verborgene Wünsche, die wir im Wachzustand vielleicht ignorieren oder übersehen. Sie spiegeln oft die leise Stimme unseres Herzens wider, die uns auf eine Reise schickt, um uns zu leiten und zu beschützen.

Die Bedeutung der Träume liegt nicht nur in ihrer symbolischen Darstellung von Erlebtem, sondern auch in ihrer Fähigkeit, uns zu inspirieren und unsere Vorstellungskraft zu beflügeln. Sie ermöglichen es uns, neue Möglichkeiten zu erkunden und kreative Lösungen für Probleme zu finden. Träume dienen nicht nur als Spiegel unserer Psyche, sondern auch als Tor zu neuen Ideen und Visionen, die unser Leben bereichern können.

Ob wir die Träume als Spiegel unseres Unterbewusstseins betrachten oder ihnen eine metaphysische Bedeutung beimessen, liegt in unserer individuellen Wahrnehmung. In jedem Fall bieten uns Träume eine faszinierende Möglichkeit, uns mit unserem Innersten auseinanderzusetzen, verborgene Potenziale zu erkunden und unsere eigene spirituelle Reise voranzutreiben. Indem wir uns bewusst mit unseren Träumen beschäftigen und ihnen Aufmerksamkeit schenken, stellen wir eine tiefere Verbindung zu uns selbst und zur Welt um uns herum her.

Schlusswort

*„Habe Mut, dich deines eigenen Verstandes
zu bedienen!"
Immanuel Kant*

Das Verfassen dieses Buches hat nicht nur einen Teil meiner inneren Welt sichtbar gemacht, sondern auch einen Prozess der Selbstreflexion ausgelöst, der dazu geführt hat, dass mein Innerstes nach außen projiziert worden ist. Als Architekt konnte ich nicht verhindern, dass mein Beruf das Buch beeinflusste, und dies spiegelt sich insbesondere im analytischen Ansatz des Textes wider. Meine Vorliebe für Ratgeber- und Philosophiebücher anstelle von Romanen zeigt sich ebenfalls im Schreibstil, der eher sachlich und erkenntnisorientiert ist.

In diesem Buch werden Themen behandelt, die ein hohes Maß an Ernsthaftigkeit erfordern. Ich habe versucht, meine Wahrnehmung der Realität so klar wie möglich zu vermitteln.

Die zentrale Botschaft dieses Buches ist nicht die Förderung einer bestimmten Denkweise oder Weltanschauung. Es zielt vielmehr darauf ab, den Leser auf eine Reise zur Wahrheit zu führen, eine Entdeckungsreise mit den uns zur Verfügung stehenden Mitteln. Die Wahrheit steht nicht unter einem Exklusivrecht, irgendeiner Religion oder Denkweise, sie ist im Universum, in der Natur, im Menschen, ja, in allen Lebewesen zu finden.

Diese Botschaft beinhaltet auch die Anerkennung der inhärenten Vielfalt und Komplexität, die das menschliche Dasein kennzeichnet. Die Suche nach Wahrheit ist keine monolithische Anstrengung, die durch eine einzige Perspektive oder Methode erreicht wird. Sie ist vielmehr eine facettenreiche Unternehmung, die ein tieferes Verständnis und eine höhere Sensibilität für die unzähligen Wege erfordert, auf denen die Wahrheit sich manifestieren kann.

Dieses Buch zielt darauf ab, den Leser dazu zu ermutigen, über den engen Horizont hinwegzusehen, der häufig durch unsere individuellen und kulturellen Vorurteile begrenzt wird. Es fordert uns dazu auf, die Vielfalt und Schönheit der Welt in all ihren Farben zu erforschen und dabei die subtilen Muster zu erkennen, die das Gewebe des Lebens bilden.

Es geht darum, die Wahrheit in ihren vielen Formen zu suchen und zu erkennen, ob in der Stille des Universums, in der Vielfalt der Natur, in den tiefsten Ecken des menschlichen Herzens oder in den einfachen, oft übersehenen Momenten des Alltags. Jedes Lebewesen trägt ein Stück der Wahrheit in sich, und durch das Öffnen unserer Sinne und unseres Geistes können wir beginnen, diese vielschichtige Wahrheit zu erkennen und zu verstehen.

Es mag zwar stimmen, dass jeder Mensch eine individuelle Sicht auf die Realität hat, seine eigene Realität sozusagen. Doch die Realität, in der die meisten Menschen heute leben, scheint von einem Mangel an Erinnerung an die Vergangenheit und Wahrheit geprägt zu sein. Angesichts der gesellschaftlichen Probleme unserer Zeit scheint es jedoch der praktikablere Weg zu sein. Dennoch bin ich fest davon überzeugt, dass es notwendig ist, aus dieser trügerischen Traumwelt aufzuwachen. Nur so werden wir bereit sein, uns mit der tatsächlichen Realität unseres Daseins auseinanderzusetzen. Nur dann werden wir in der Lage sein, unsere Zukunft selbst zu gestalten und zum Schmied unseres eigenen Schicksals zu werden.

Die Vorstellung, dass uns am Ende des Tunnels Erlösung erwartet, halte ich für wenig zielführend. Denn erst, wenn wir die Bedingungen unseres Daseins verstehen, werden wir in der Lage sein, fundierte Entscheidungen zu treffen, die sowohl für unsere Mitmenschen als auch für uns selbst tragbar sind. Alles andere gehört in den Bereich des Glaubens und nicht des Wissens.

Dieses Buch ist daher nicht nur eine Darstellung meiner persönlichen Erfahrungen und Erkenntnisse, sondern ebenfalls ein Aufruf zur Bewusstwerdung und zum Handeln. Es lädt den Leser ein, die eigene Realität zu hinterfragen und die

Wahrheit jenseits der oberflächlichen Schleier zu suchen. Es ist ein Werk, das zur Selbstreflexion anregt und den Leser ermutigt, eine aktivere Rolle in der Gestaltung seines eigenen Lebens und der Welt um ihn herum einzunehmen.

Indem ich meine innere Welt nach außen projiziert habe, hoffe ich, dass dieses Buch eine Quelle der Inspiration und der Erkenntnis für diejenigen sein wird, die bereit sind, sich auf die Reise der Selbsterkenntnis einzulassen. Es ist eine Einladung, sich von den Fesseln der oberflächlichen Wahrnehmung zu befreien und den Blick auf das Wesentliche zu lenken. Denn nur durch ein tieferes Verständnis der Realität können wir die Grundlage für eine bessere Zukunft legen, in der wir bewusste Entscheidungen treffen und unser eigenes Schicksal formen.

„Die Wahrheit kann blenden, gewöhnt man sich jedoch nach und nach an ihr, werden wir die Meister der Klarheit. Denn nur wer die Wahrheit akzeptiert, ohne vor ihrer Intensität zu scheuen, kann den wahren Sinn des Lebens entschlüsseln. Die Wahrheit mag zunächst einschüchtern, doch in ihrer Erkenntnis liegt die wahre Freiheit.“
Sam Lysen

Der Autor

Sam Lysen, 1981 in Nordmazedonien geboren, wanderte früh in seinem Leben in die Schweiz aus. Dort absolvierte er erfolgreich seine Ausbildung zum Hochbauzeichner und anschließend ein Architekturstudium. Seine berufliche Laufbahn führte ihn durch verschiedene Architekturbüros, in denen er als Entwurfsarchitekt und Projektleiter tätig war. Neben seiner Karriere widmet er sich leidenschaftlich verschiedenen künstlerischen Ausdrucksformen wie Malerei, Fotografie und dem Schreiben. Insbesondere Letzteres führte ihn zur Veröffentlichung seines ersten Buches „Über die Fragen des Lebens“. Verheiratet und Vater einer Tochter, balanciert er seine berufliche Hingabe mit kreativem Schaffen und persönlichem Glück.